Tomas Bohinc

Der erfolgreiche Karrierestart

Praxistipps für Berufseinsteiger

Tomas Bohinc

Der erfolgreiche Karrierestart

Praxistipps
für Berufseinsteiger

Bibliografische Information der Deutschen Nationalbibliothek

Die Deutsche Nationalbibliothek verzeichnet diese Publikation in der Deutschen Nationalbibliografie; detaillierte bibliografische Daten sind im Internet über http://dnb.d-nb.de abrufbar.

ISBN 978-3-86936-601-2

Lektorat: Eva Gößwein, GABAL Verlag GmbH, Offenbach
Umschlaggestaltung: Martin Zech Design, Bremen | www.martinzech.de
Umschlagfoto: contrastwerkstatt/Fotolia
Satz und Layout: Lohse Design, Heppenheim | www.lohse-design.de
Druck und Bindung: Salzland Druck, Staßfurt

Copyright © 2014 GABAL Verlag GmbH, Offenbach

Alle Rechte vorbehalten. Vervielfältigung, auch auszugsweise, nur mit schriftlicher Genehmigung des Verlages.

www.gabal-verlag.de

Inhalt

Vorwort 9
Erfolgreich in den Beruf starten 10

Die erste Woche: Sich gut einleben 13

Kommunikation: Beziehungen aufbauen 14
Kommunikation ist Wirkung und nicht Absicht 14
Auf die ersten Tage im Unternehmen vorbereitet sein 17
Small Talk zum Beziehungsaufbau einsetzen 20
Die ersten Schritte im Selbstmarketing 22
Tipps für Ihren Erfolg 26

Gruppendynamik: Einen Platz im Team finden 26
Über Teams und ihre Entwicklung 27
Die eigene Funktion im Team finden 34
Tipps für Ihren Erfolg 37

Auftragsklärung: Herausbekommen, was der Chef verlangt 37
Formen der Auftragsübertragung 38
Die Kunst, die richtigen Fragen zu stellen 39
Instrumente der Auftragsklärung 41
Das Auftragsklärungsgespräch –
  die Basis für eine erfolgreiches Arbeitsergebnis 46
Tipps für Ihren Erfolg 47

Der erste Monat: Den eigenen Arbeitsstil finden 48

Zeitmanagement: Der Umgang mit der eigenen Zeit 49
Was ist Zeitmanagement? 49
Sich Ziele setzen 50
Arbeit planen 53
Tätigkeiten priorisieren 56
Zeitdiebe ermitteln 58

Die E-Mail-Flut beherrschen 61
Tipps für Ihren Erfolg 64

Arbeitstechniken: Besser und schneller arbeiten 65
Der Nutzen von Arbeitstechniken 65
Rationell lesen 66
Informationen recherchieren 68
Informationen organisieren 71
Probleme beschreiben und Lösungen finden 73
Informationen, Produkte und Lösungen bewerten 76
Hilfen für die Zusammenarbeit 78
Tipps für Ihren Erfolg 81

Das erste halbe Jahr: Die Bewährungsprobe bestehen 82

Unternehmensorganisation:
Formelle und informelle Machtstrukturen 83
Organigramme, Prozesse und Leitlinien 83
Office Policy – das Spiel um Macht und Einfluss 88
Tipps für Ihren Erfolg 93

Unternehmenskultur:
Anpassen, ohne die eigene Identität zu verlieren 93
Was ist Unternehmenskultur? 94
Persönlichkeits- und Unternehmenstypen 95
Kulturelle Unterschiede zwischen den Generationen 99
Die eigenen Werte mit denen
des Unternehmens vereinbaren 100
Tipps für Ihren Erfolg 102

Networking: Kontakte knüpfen und nutzen 102
Das firmeninterne Netzwerk als Beziehungsgeflecht 103
Der ideale Networker 104
Erfolgreiches Networking durch Menschenkenntnis 105
Das Netzwerk systematisch aufbauen und pflegen 107
Verschwimmende Grenzen in virtuellen Netzwerken 111
Tipps für Ihren Erfolg 113

Die ersten drei Jahre:
Sich im Unternehmen etablieren **114**

Weiterbildung: Die eigenen Kompetenzen
systematisch erweitern **115**
Die eigenen Kompetenzen analysieren und erweitern. 115
Entwickeln Sie Ihre Schlüsselkompetenzen. 118
Die Vielzahl der Qualifizierungsangebote nutzen 119
Mehr Ansehen gewinnen durch
Zusatzqualifikationen. 122
Tipps für Ihren Erfolg 124

Personalgespräche: Die gute Beziehung zum Chef **125**
Erfolg durch eine gute Führungsbeziehung. 125
Führungsgespräche für die eigenen
Interessen nutzen. 130
Gespräche mit der Führungskraft erfolgreich
gestalten 136
Tipps für Ihren Erfolg 138

Verhandeln: Die eigene Position wahren
und Lösungen finden **138**
Was ist eine Verhandlung? 139
Schritt für Schritt zu einer Einigung kommen 141
Tipps für Ihren Erfolg 144

Personal Branding: Sich selbst ein Profil geben **144**
Nutzen des Selbstmarketings 145
Selbstmarketing durch Personal Branding 147
In einem Tagebuch Erfolge festhalten 149
Sich selbst im Unternehmen vermarkten 150
Tipps für Ihren Erfolg 153

Ausblick: Kompetenzen für
eine erfolgreiche Karriere............................ **154**

Verzeichnis der Reflexionsübungen 158

Verzeichnis der Checklisten. 159

Verzeichnis der Arbeitstechniken 160

Stichwortverzeichnis. 161

Literaturverzeichnis. 163

Der Autor 167

Vorwort

Geschafft. Der erste Arbeitsvertrag ist unterschrieben. Die Jobsuche hat ein Ende. Doch die Zeit zwischen der Unterschrift unter dem Arbeitsvertrag und dem ersten Arbeitstag ist nur eine kurze Verschnaufpause vor der eigentlichen Herausforderung: dem Einstieg in das Berufsleben.

Ob Sie erfolgreich ins Berufsleben starten, hängt nicht nur vom Wissen ab, das Sie in Ihrer Ausbildung, im Studium und durch Praktika erworben haben. Dieses Wissen bildet lediglich die Basis für Ihren Erfolg, und auch das nur dann, wenn Sie es gut einsetzen und sich von der ersten Minute an als kompetenter Mitarbeiter präsentieren. Es gilt, die Arbeitstechniken souverän zu beherrschen, gute Soft Skills zu besitzen und sich im Netzwerk des Unternehmens erfogreich zu positionieren.

Oft haben Sie als neuer Mitarbeiter die Möglichkeit, sich an einem Welcome Day oder im Rahmen von Einführungsprogrammen mit dem Unternehmen und seiner Kultur vertraut zu machen. In diesem Buch finden Sie zudem Tipps zu Themen, die in jedem Unternehmen wichtig sind, auf offiziellen Veranstaltungen aber selten zur Sprache kommen. Ich habe dieses Buch geschrieben, weil ich schon viele junge Menschen beim Berufseinstieg begleitet habe, und die Themen ausgewählt, die diesen Berufsanfängern wichtig waren. Dieses Buch soll Ihnen dabei helfen, in den ersten Jahren im Berufsleben den Grundstein für eine erfolgreiche Karriere zu legen. Für diese wichtige Zeit wünsche ich Ihnen alles Gute.

Ihr
Tomas Bohinc

Erfolgreich in den Beruf starten

Das Berufsleben Ihrer Großeltern verlief noch wie eine lange Zugfahrt, da beim Eintritt in das Unternehmen bereits die Weichen für die Zukunft gestellt waren. Ein guter Abschluss und ein großer Konzern wie Opel oder sogar ein Staatsunternehmen wie die Post oder die Bahn waren Garanten für eine erfolgreiche Karriere. Aber schon bei Ihren Eltern klappte das nicht immer. Wirtschaftliche Krisen, Lean Management oder das Obsoletwerden ganzer Industrien verhinderten geradlinige Karrieren.

Karrieren wie ein Segeltörn — Heute sind Karrieren mehr wie ein Segeltörn in unbekannten Gewässern. Es ist klar, wohin die Reise gehen soll, doch wie man ans Ziel kommt, entscheidet sich erst unterwegs. Diese Metapher stammt von Peter Kruse, einem der bekanntesten Experten im Change Management. Er beschreibt damit, wie man in Situationen agieren muss, die durch ständige Veränderungen geprägt sind, und veranschaulicht dies am Beispiel von Christoph Kolumbus. Dieser startete 1492 seine erste Reise. Seine Vision war es, einen kürzeren Seeweg nach Indien zu entdecken und dadurch den Reichtum Spaniens zu vermehren. Wie wir wissen, kam er nie in Indien an, sondern entdeckte Amerika. Die dort gegründeten Kolonien brachten Spanien allerdings bei Weitem mehr Reichtümer ein, als es ein kürzerer Seeweg nach Indien getan hätte.

Wer heute in einem Unternehmen anfängt, kann keine sichere Prognose darüber abgeben, wie er seine Karriere beenden wird. Die wirtschaftliche Entwicklung, Technologietrends und Veränderungen in der Gesellschaft wirken sich immer schneller auf Unternehmen aus, weshalb diese regelmäßig ihre Strategie ändern müssen, um wirtschaftlich erfolgreich zu sein. Dadurch ändern sich auch die Rahmenbedingungen für die Mitarbeiter. Auch sie müssen ihre Strategie ständig an neue Situationen anpassen, um ihre Karriereziele zu erreichen.

Von Kolumbus lernen

Die Entdeckung Amerikas liegt mehr als 500 Jahre zurück. Aber wir können heute noch von Christoph Kolumbus lernen, wie man in unsicheren Situationen erfolgreich handelt:

Entwickeln Sie eine Vision, die Sie motiviert
So wie Kolumbus brauchen auch Sie eine Vision, die Sie anspornt, Ihre berufliche Entwicklung voranzutreiben. Sie hilft Ihnen auf Kurs zu bleiben, aber gleichzeitig auch auf Veränderungen in Ihrem Berufs- und Privatleben zu reagieren.

Nehmen Sie Veränderungen in Ihrem Umfeld wahr
Veränderungen kann man nur erkennen, wenn man sein Umfeld ständig beobachtet. Hinterfragen Sie immer wieder, was die Veränderungen für Ihre eigene Situation bedeuten.

Seien Sie so gut wie möglich vorbereitet
Kolumbus studierte Seekarten, las Berichte anderer Seefahrer und stattete seine Schiffe umfassend aus, um auf alle Eventualitäten vorbereitet zu sein. Rüsten auch Sie sich gut für Ihren Job, nicht nur mit Fachwissen, sondern auch mit Soft Skills und Wissen, das Ihnen hilft, sich gut im Unternehmen zu platzieren.

Gehen Sie Schritt für Schritt vor
Kolumbus plante seine Route, doch sie enthielt viele Unbekannte. Die Bereitschaft, aufgrund von neuen Erkenntnissen die Route immer wieder zu ändern, half ihm seinen Weg zu finden. Halten auch Sie immer wieder inne, um Ihre Karriere neu zu planen.

Geben Sie nicht auf, wenn es schwierig wird
Die wohl schwierigste Situation, die Kolumbus zu bewältigen hatte, war eine Meuterei. Das war für ihn aber kein Grund aufzugeben. Auch auf Ihrem beruflichen Weg wird es Rückschläge und Schwierigkeiten geben. Halten Sie dennoch an Ihrer Vision fest.

Erfolg ist das, was man daraus macht
Die Entdeckung Amerikas wurde nicht von allen als Erfolg angesehen, denn schließlich war der erhoffte Seeweg nach Indien nicht entdeckt worden. Erst die ersten Goldladungen aus Amerika überzeugten die Königin von Spanien vom Erfolg der Reise. Es wird in Ihrem

Berufsleben immer wieder Situationen geben, in denen Sie eine Aufgabe oder Position, die Sie sich gewünscht haben, nicht bekommen. Schauen Sie deshalb nicht auf das, was Sie nicht haben, sondern konzentrieren Sie sich auf die Dinge, die Sie erreicht haben, und machen Sie sich bewusst, welche Vorteile diese mit sich bringen.

Zum Inhalt dieses Buches

Dieses Buch unterstützt Sie dabei, sich wie Kolumbus in den unbekannten Gewässern Ihrer Karriere zurechtzufinden. Dabei begleitet Sie das Buch auf den folgenden Etappen:

Die erste Woche: Nehmen Sie sich in der ersten Woche Zeit, um sich einzuleben, und nutzen Sie die Chance, schon bei Ihrem Berufseinstieg einen guten Eindruck zu machen. Indem Sie gut kommunizieren, bauen Sie Beziehungen zu Ihren Kollegen auf, durch geschicktes Agieren innerhalb der Gruppendynamik integrieren Sie sich in das Team und durch eine strukturierte Auftragsklärung wirken Sie auf Ihre Führungskraft kompetent.

Der erste Monat: Finden Sie im ersten Monat Ihren Arbeitsrhythmus. Zeitmanagement hilft Ihnen, die Arbeit zu planen und den Tag gut zu organisieren. Mit den passenden Arbeitstechniken sind Sie zudem effizienter und schneller.

Das erste halbe Jahr: In den ersten drei bis sechs Monaten müssen Sie sich bewähren. Es ist Ihre Probezeit, in der es darauf ankommt, erste Erfolge zu erzielen. Dazu gehört nicht nur, dass Sie Ihren Job gut machen, sondern auch, dass Sie Ihren Platz im Unternehmen finden. Sie machen sich mit der Unternehmensorganisation vertraut und lernen die offiziellen und inoffiziellen Spielregeln kennen. Schrittweise wachsen Sie in die Unternehmenskultur hinein. Durch Networking knüpfen Sie unternehmensinterne Kontakte. Schließlich stellen Sie Ihre Kompetenz unter Beweis, wenn Sie Ihre Themen wirkungsvoll präsentieren.

Die ersten drei Jahre: Nach der Probezeit beginnt Ihre nächste Berufsetappe: Nach drei Jahren sollten Sie im Unternehmen etabliert sein. Die eigene Weiterbildung ist die Basis für den systematischen Ausbau Ihrer Kompetenz. Sprechen Sie in Personalgesprächen auch über Ihre Karriere. Sie benötigen nun Verhandlungsgeschick, um Ihre Interessen zu vertreten. Am Ende des Berufseinstieges sollte es Ihnen durch Selbstmarketing gelungen sein, sich im Unternehmen einen Namen zu machen.

Die erste Woche: Sich gut einleben

Wenn alles gut läuft, erscheinen Sie an Ihrem ersten Arbeitstag pünktlich an Ihrer neuen Arbeitsstelle und Ihre Führungskraft holt Sie am Empfang ab. Sie kommen an Ihrem Schreibtisch an, auf dem vielleicht zur Begrüßung ein Strauß Blumen steht. Dies ist jetzt Ihr Arbeitsplatz und Sie können damit beginnen, sich dort einzuleben.

Das Verb „einleben" bedeutet, sich an eine neue Umgebung zu gewöhnen und in ihr heimisch zu werden. Dazu sollten Sie den Kontakt zu Kollegen suchen und sich für die Gewohnheiten des Teams und die Arbeitsaufträge der Kollegen interessieren. Denn beim Einleben geht es nicht nur darum, mit Ihrer Arbeit, sondern auch mit Ihren Kollegen vertraut zu werden. Denken Sie daran, dass Menschen einander beim ersten Kontakt bewerten und dass beim Kennenlernen der erste Eindruck zählt.

Kommunikation

In jedem Arbeitsteam gibt es geschriebene und ungeschriebene Regeln, die Sie möglichst bald kennen sollten. Die geschriebenen wird man Ihnen erklären, auf die ungeschrieben müssen Sie dagegen selbst kommen, indem Sie auf die Gruppendynamik im Team achten.

Gruppendynamik

Eine weitere Aufgabe, die in der ersten Woche ansteht, ist die Auftragsklärung. Denn nur wenn Sie wissen, was Sie tun sollen, können Sie auch das richtige Arbeitsergebnis abliefern. Gerade am Anfang sind Ihnen vielleicht viele firmeninterne Abläufe fremd, die Ihre Führungskraft jedoch stillschweigend voraussetzt, da sie ihr selbstverständlich erscheinen. Deshalb geht es bei der Auftragsklärung darum, sich die Informationen zum Auftrag zu beschaffen, die Sie für Ihre Arbeit brauchen.

Auftragsklärung

Kommunikation: Beziehungen aufbauen

Es genügt nicht, dass man zur Sache spricht.
Man muss zu den Menschen sprechen.

STANISŁAW JERZY LEC (POLNISCHER APHORISTIKER)

Wenn Sie das Gebäude Ihres neuen Arbeitgebers betreten, dann beginnen Sie zu kommunizieren. Es beginnt damit, dass Sie sich bei der Pforte anmelden, Ihren Vorgesetzten begrüßen und Ihre neuen Kollegen kennenlernen. Sie werden an Ihrem ersten Tag vielen Menschen begegnen, die Sie zum ersten Mal sehen. Und diese Menschen sehen Sie. Welchen Eindruck Sie dabei hinterlassen, kann Ihre Beziehung zu diesen Menschen in den nächsten Wochen, Monaten und vielleicht Jahren bestimmen.

In diesem Kapitel erhalten Sie Antworten auf die folgenden Fragen:

- Was ist Kommunikation?
- Wie nutze ich Small Talk, um Beziehungen aufzubauen?
- Welche Botschaften sollte ich vermitteln?

Kommunikation ist Wirkung und nicht Absicht

Kommunikation scheint die selbstverständlichste Sache der Welt zu sein. Wir kommunizieren seit den ersten Minuten unseres Lebens – aber nicht immer erfolgreich. Ob das, was wir sagen wollen, auch angekommen ist, merken wir an der Reaktion unsers Gesprächspartners. Der österreichische Kommunikationswissenschaftler Paul Watzlawick bringt es auf den Punkt: „Ich weiß nicht, was ich gesagt habe, bis ich die Antwort meines Gegenübers gehört habe."

Beispiel *„Können Sie mir sagen, wie spät es ist?" So fragt man üblicherweise nach der Uhrzeit. Doch wenn der Angesprochene mit einem schlichten „Ja" antwortet, erkennt man, dass man eigentlich gar nicht nach der Uhrzeit gefragt hat, sondern danach, ob der Gesprächspartner in der Lage ist, diese zu nennen. Dieses Beispiel wirkt wie eine Spitzfindigkeit, da diese höfliche Umschreibung der Frage „Wie spät ist es?" allgemein üblich ist und daher meist im Sinne des Fragestellers ver-*

standen wird. *Wenn Sie jedoch darauf achten, werden Sie eine Menge von Beispielen finden, in denen Gesprächspartner tatsächlich aneinander vorbeireden.*

Warum ist das so? Wenn wir mit anderen Menschen reden, kommunizieren wir nicht nur mit Worten, sondern auch mit unserer Mimik und Gestik. Dabei übermitteln wir nicht nur Sachinhalte, sondern auch noch andere Botschaften, die uns selbst oft gar nicht bewusst sind. Der Kommunikationswissenschaftler Schulz von Thun hat ein Kommunikationsmodell entwickelt, das genau diesen Sachverhalt erklärt. Das Modell ist in Abbildung 1 dargestellt.

Schulz von Thuns Kommunikationsmodell

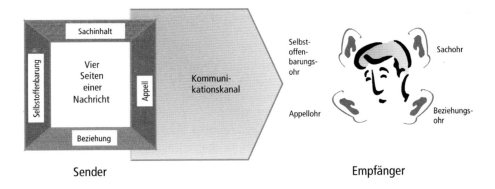

Abbildung 1: Das Kommunikationsmodell zeigt, wie Kommunikation funktioniert.

Wenn zwei Menschen miteinander sprechen, dann nehmen sie abwechselnd zwei verschiedene Rollen ein: die des Senders und die des Empfängers. Der Sender sagt etwas, der Empfänger hört es. Bei seiner Erwiderung wird der Empfänger zum Sender, und der Sender wird zum Empfänger. Beide tauschen dabei Nachrichtenpakete aus, die folgende Inhalte haben:

Das Nachrichtenpaket

Sachinhalt: Damit informiert der Sender den Empfänger über eine Sache. Beispiel: „Hier am Fenster, dem schönsten Platz im Raum, steht Ihr Schreibtisch." So teilt die Führungskraft dem neuen Mitarbeiter mit, wo sich sein Arbeitsplatz befindet.

Selbstoffenbarung: Durch die Nachricht erfährt der Empfänger auch etwas über den Sender. Im Beispiel drückt der Vorgesetzte aus, dass er ein fürsorglicher Mensch ist. Selbstenthüllung nennt man dabei den Teil der Selbstoffenbarung, der unbewusst geschieht, und Selbstmitteilung den Teil, den wir bewusst mitteilen. Vor allem durch die Mimik, Gestik und Kleidung zeigen wir dem Empfänger: „So bin ich."

Beziehung: Eine Nachricht teilt auch mit, in welchem Verhältnis Sender und Empfänger zueinander stehen. Im Beispiel lautet diese Mitteilung: „Sie sind für uns ein wichtiger neuer Mitarbeiter." Der Beziehungsaspekt sagt: „So stehen wir zueinander."

Appell: Mit dem Appell nimmt der Sender Einfluss auf den Empfänger und macht deutlich, was dieser tun soll. Der Appell in diesem Beispiel könnte lauten: „Leben Sie sich an diesem Platz gut ein!"

Vier-Ohren-Modell

Auf diese Weise werden durch eine Nachricht vier unterschiedliche Botschaften vermittelt. Diese werden vom Empfänger, bildlich ausgedrückt, auf vier unterschiedlichen Ohren gehört:

Sachohr: Es versucht zu ermitteln: „Was sagt der Sender genau?"
Selbstoffenbarungsohr: Es fragt: „Was ist das für eine/einer?" „Was ist mit ihr/ihm los?"
Beziehungsohr: Mit ihm ergründet der Empfänger, wie der Sender zu ihm steht: „Wie redet sie/er mit mir?" „Was glaubt sie/er, wen sie/er vor sich hat?"
■ **Appellohr:** Es ist darauf trainiert, Appelle zu erkennen: „Was soll ich tun?" „Was soll ich denken?" „Was soll ich fühlen?"

Missverständnisse

In meinem Beispiel könnten die Ohren des Empfängers auch Folgendes gehört haben: „Hier ist Ihr Schreibtisch, ich bin zwar freundlich, aber trotzdem Ihr Chef und jetzt legen Sie mal los!" Zuhören ist nicht passiv. Durch Zuhören entscheiden wir aktiv, auf welchen Aspekt des Nachrichtenpakets wir hören. Irritationen und Missverständnisse entstehen dadurch, dass der Sender den Schwerpunkt seiner Nachricht auf einen anderen Aspekt legt als der Empfänger.

In der alltäglichen Kommunikation können wir Irritationen und Missverständnisse in der Regel ausräumen. Treffen wir aber zum ersten Mal auf einen Menschen und erzeugen durch das, was wir sagen, gleich ein Missverständnis oder eine Irritation, dann ist nicht nur die Kommunikation gestört, sondern auch die Beziehung. Denn: Eine Beziehung zwischen Menschen entsteht durch Kommunikation.

Beziehungen zu anderen Menschen entstehen durch Kommunikation und werden durch Kommunikation aufrechterhalten.

Gerade auf der Beziehungsebene werden oft unbewusst Botschaften vermittelt und empfangen, welche die Beziehung zu Kollegen und zur Führungskraft dauerhaft prägen. Hören Sie deshalb gerade in den ersten Gesprächen mit dem Beziehungsohr hin. So erfahren Sie, wie Ihr Gesprächspartner zu Ihnen steht.

Auf die ersten Tage im Unternehmen vorbereitet sein

Bereiten Sie sich auf die ersten Tage in Ihrem neuen Unternehmen vor. Deren Ablauf können Sie zwar nicht planen, wohl aber, wie Sie sich bei Ihrem neuen Arbeitgeber präsentieren. Auf diese Weise sind Sie auch mental auf den Tag vorbereitet und in der Lage, auch auf unbekannte Situationen gut zu reagieren.

Durch Recherchen für Ihre Bewerbung und die Vorstellungsgespräche haben Sie schon einen Eindruck von Ihrem neuen Arbeitgeber gewonnen. Diese Erkenntnisse sollten Sie berücksichtigen, damit Sie nicht gleich am ersten Tag ungeschriebene Gesetze verletzen. Gerade wenn Sie weder das Unternehmen noch die Mitarbeiter kennen, sollten Sie sich eher zurückhaltend verhalten und die anderen erst einmal beobachten. Achten Sie auf Folgendes:

Normen beachten

Anrede: Noch in den 1990er-Jahren war es in deutschen Unternehmen üblich, dass sich die Mitarbeiter in den Büroetagen mit „Sie" angeredet haben. Ein „Du" war eher in den Produktionshallen oder auf Baustellen üblich. Das hat sich verändert. In vielen Unternehmen duzen sich die Mitarbeiter heute untereinander und manchmal werden sogar die Führungskräfte geduzt. Achten Sie deshalb darauf, welche Anrede in Ihrem Unternehmen üblich ist. Wird Ihnen sofort das „Du" angeboten, dann herrscht eher eine „Du"-Kultur. Werden Sie mit „Sie" angeredet, dann ist das die vorherrschende Ansprache. Überlassen Sie es dann der Zeit, ob und wann Sie gegenüber Ihren Kollegen zum „Du" übergehen.

Arbeitsplatz: Ihr Arbeitsplatz ist, solange Sie im Büro sind, Ihr Zuhause. Doch anders als in Ihrer Wohnung sind Sie im Büro nicht allein. Ihr Arbeitsplatz ist auch ein Teil Ihrer Selbstkundgabe. Beobachten Sie, wie Ihre Kollegen Ihren Arbeitsplatz eingerichtet haben. Gestalten Sie Ihren Platz dann individuell, aber ohne die allgemeinen Regeln zu verletzen.

Pausen: Pausen sind dazu da, sich zu erholen und Kraft zu schöpfen. Die Mitarbeiter nutzen sie aber auch, um sich über die Arbeit oder auch über Privates auszutauschen. Jedes Unternehmen hat eine eigene Pausenkultur. Es gibt Unternehmen, bei denen die Kollegen eine gemeinsame Frühstücks- oder Mittagspause machen, in anderen geht dagegen jeder seinen eigenen Weg. Nehmen Sie anfangs Einladungen zu einem gemeinsamen Mittagessen an, auch wenn Sie vielleicht gerade keine Mittagspause machen möchten. Nach den ersten Wochen können Sie dann Ihre Pausengewohnheiten mit denen Ihrer Kollegen in Übereinstimmung bringen.

Pate

In vielen Unternehmen wird neuen Mitarbeitern ein Pate zur Seite gestellt. Dieser hat die Aufgabe, Ihnen in den ersten Wochen im Unternehmen zur Seite zu stehen. Es geht dabei weniger darum, Sie fachlich einzuweisen, als vielmehr, Sie in die Organisation, die Prozesse und vor allem in die Unternehmenskultur einzuführen. Der Pate ist für Sie die erste Vertrauensperson, von der Sie viel über das Unternehmen, die Kollegen und die Unternehmenskultur erfahren können. Wenn Sie Fragen oder Schwierigkeiten haben, ist er Ihr erster Ansprechpartner.

Namen merken

Gerade in den ersten Tagen und Wochen lernen Sie viele Menschen kennen. Es kann sehr peinlich sein, wenn Sie sich bei der nächsten Begegnung nicht an die Namen und einige Fakten zur

Person erinnern. Sich Namen zu merken fällt jedoch vielen schwer, denn Namen sind abstrakte Begriffe, die mit dem Gesicht oder Erscheinungsbild des Namensträgers wenig zu tun haben. Gedächtniskünstler wie Boris Nikolai Konrad haben deshalb Methoden entwickelt, um das Namensgedächtnis zu trainieren. Aber schon die folgenden drei einfachen Regeln können Ihnen dabei helfen, sich an Namen zu erinnern:

- Wiederholen Sie den Namen, wenn Sie jemandem vorgestellt werden, wenn notwendig solange, bis Sie ihn richtig ausgesprochen haben.
- Bauen Sie sich eine Eselsbrücke, zum Beispiel: „Herr Müller mit dem Mehlsack auf dem Rücken."
- Notieren Sie sich die Namen. Gehen Sie die Liste immer wieder durch und versuchen Sie, sich bei jedem Namen die Person vorzustellen.

„Kleider machen Leute", sagt ein Sprichwort. Durch Ihre Kleidung verraten Sie viel über sich selbst, über Ihr Selbstverständnis und darüber, wie Sie sich fühlen. Das gilt für Frauen und Männer gleichermaßen. Durch Kleidung können Sie eine positive Wirkung erzielen und Kompetenz ausstrahlen, aber auch unsympathisch oder arrogant wirken. Überlegen Sie deshalb genau, wie Sie sich am ersten Tag anziehen.

Kleidung

In Branchen wie Banken gibt es einen Dresscode, den Sie kennen und nach dem Sie sich richten sollten. Für andere Unternehmen brauchen Sie Fingerspitzengefühl. Erinnern Sie sich, wie Ihr Chef und die Mitarbeiter bei Ihrem Vorstellungsgespräch gekleidet waren, und überlegen Sie, wie Sie am ersten Tag wirken wollen. Durch die Linienführung der Kleidung drücken Sie aus, ob Sie klar und strukturiert oder eher kreativ und verspielt sind. Durch die Farbe drücken Sie Seriosität aus: Dunkle Kleidung wirkt seriöser als helle. Und nicht zuletzt sagt die Qualität der Kleidung etwas darüber aus, welchen Wert Sie Ihrem Auftreten beimessen. Generell gilt: Ziehen Sie sich etwas besser an, als Sie es im normalen Arbeitsalltag tun würden. Damit geben Sie Ihrem ersten Arbeitstag eine besondere Bedeutung.

Small Talk zum Beziehungsaufbau einsetzen

In den ersten Tagen an Ihrer neuen Arbeitsstelle werden Sie mit vielen Menschen in Kontakt kommen. Wenn Sie den Kollegen vorgestellt werden, wenn Sie in der Kantine sind oder einfach, wenn Sie Menschen im Büro treffen, haben Sie die Gelegenheit, Beziehungen aufzubauen. In diesen Situationen ist es die denkbar schlechteste Reaktion, einfach nur „Hallo" zu sagen oder zu schweigen. Gehen Sie nicht davon aus, dass alle Kollegen aktiv auf Sie zugehen. Wenn sie es nicht tun, kann das viele Gründe haben: Sie sind selbst nicht sehr kommunikativ, haben andere Dinge im Kopf oder erwarten von Ihnen, dass Sie den ersten Schritt machen. Werden Sie in diesen Situationen selbst aktiv und beginnen Sie die Kommunikation. Ein gutes Mittel dazu ist der Small Talk.

Small Talk Small Talk ist eine Gesprächsform, bei der zwei oder mehrere Personen miteinander reden, um Kontakt aufzubauen, andere kennenzulernen und Gemeinsamkeiten zu finden. Er dient dem Beziehungsaufbau und nicht der Übermittlung von Sachinhalten. Im Small Talk wird niemand informiert, überzeugt oder widerlegt. Man redet miteinander allein um der Kommunikation willen. So werden Menschen miteinander vertraut. Jeder erfährt etwas vom anderen und wird dadurch als Person sichtbar. Für den Small Talk gibt es keine festgelegten Themen. Sie sollten aber Themen wählen, mit denen Sie möglichst viele positive Botschaften über sich übermitteln können. Zugleich sollten die Themen Ihren Gesprächspartner ansprechen und ihm die Möglichkeit geben, sich selbst darzustellen.

Beim Small Talk ist es wichtig, das Gespräch im Fluss zu halten. Dabei gibt ein Wort das andere. Ein Gesprächspartner beginnt mit einem Thema, der andere greift es auf, indem er einen Kommentar macht, eine Frage stellt oder den Gedanken weiterführt. Nach einigen Wortwechseln zum gleichen Thema geht man zu einem anderen Thema über. Einer der Gesprächspartner spricht etwas Neues an, der andere greift es auf. So geht das Gespräch von einem Thema zum nächsten.

Die Sachaussage ist beim Small Talk nur Mittel zum Zweck. Im Mittelpunkt steht Ihre Selbstoffenbarung. Alle Sachaussagen, die Themen, die Sie ansprechen, und auch die körpersprachlichen Signale, die Sie dabei senden, sagen etwas über Sie aus. Achten Sie darauf, keine Appelle zu vermitteln, denn es geht nicht darum, den anderen zu etwas aufzufordern. Auf der Beziehungsebene zeigen Sie durch Small Talk, dass Sie ein interessanter Gesprächspartner sind und den anderen kennenlernen möchten.

Kommunikationsmodell im Small Talk

Manche Menschen haben Talent zum Small Talk. Sie kommen sofort mit ihrem Gegenüber ins Gespräch und reden mit Leichtigkeit über alle möglichen Themen. Anderen Menschen fällt es dagegen schwer, etwas zu sagen, wenn es keinen sachlichen Anlass gibt. Wenn Sie zu dieser Gruppe gehören, sollten Sie ganz bewusst die Kunst des Small Talks einüben und trainieren. Folgende Reflexionsfragen können Ihnen dabei helfen, Ihr Small-Talk-Talent einzuschätzen.

Wie gut sind Sie im Small Talk?

Erinnern Sie sich an Situationen, in denen Sie zum ersten Mal in Kontakt mit anderen Menschen gekommen sind, und überlegen Sie, wie Sie sich verhalten haben:

- Konnten Sie einfach ins Gespräch kommen?
- Haben Sie viel von sich erzählt?
- Haben Sie etwas über den anderen erfahren?
- Fiel Ihnen schon nach wenigen Sätzen nichts mehr ein, was Sie hätten sagen können?
- War es Ihnen unangenehm, etwas von sich zu erzählen?
- Hatten Sie schnell den Eindruck, dass Sie eigentlich etwas Wichtigeres zu tun haben?

Wenn Sie die ersten drei Reflexionsfragen mit „Ja" beantwortet haben, dann fällt es Ihnen leicht, mit Small Talk Ihre neuen Kollegen kennenzulernen. Haben Sie stattdessen die letzten drei Fragen mit „Ja" beantwortet, dann sollten Sie sich auf den Small Talk bewusst vorbereiten. Überlegen Sie, welche Themen und Aussagen für Ihre Kollegen interessant sein könnten.

Regeln des Small Talk Sie haben beim Small Talk viele Freiräume, ein paar Regeln gilt es jedoch zu beachten: Sie sollten Ihren Gesprächspartner niemals in Verlegenheit bringen oder verletzen. Machen Sie keine Witze über Minderheiten oder Kommentare über das Aussehen von Personen. Halten Sie sich mit Kritik zurück, um keine Auseinandersetzung zu provozieren. Achten Sie zudem darauf, Ihrem Gesprächspartner aufmerksam zuzuhören. Zwar werden beim Small Talk keine wichtigen Themen besprochen, doch Sie sollten zeigen, dass Sie sich für das Thema und damit für den Gesprächspartner interessieren.

Kurze Gespräche führen Small Talk hilft, andere Menschen kennenzulernen, die Ihnen vorher unbekannt waren. Es ist ein gegenseitiges Abtasten nach Anknüpfungspunkten. Dabei entsteht eine erste lose Beziehung und Vertrautheit. Darauf können Sie dann bei Ihrem nächsten Kontakt aufbauen. Denken Sie aber daran: Small Talk ist ein kurzes Gespräch. Es sollte nicht länger als 10 Minuten dauern.

Die ersten Schritte im Selbstmarketing

Ob Sie sympathisch und aufgeschlossen, ruhig und unscheinbar oder gar unsympathisch wirken, entscheidet sich in den ersten Minuten. Zwar wissen wir alle, dass der erste Eindruck täuschen kann, doch können wir nicht verhindern, dass unser Gehirn andere automatisch innerhalb von Millisekunden in eine Schublade steckt. Steht der erste Eindruck erst einmal fest, ist es schwer, dieses Image wieder loszuwerden.

Wenn Sie im Unternehmen nach vorne kommen wollen, dann müssen Sie nicht nur bei Ihrem Chef einen guten Eindruck hinterlassen, sondern auch bei anderen Vorgesetzten und Mitarbeitern. Aber wie erreichen Sie das, wenn auf jeden Mitarbeiter und vor allem auf Führungskräfte eine Vielzahl von Informationen einströmen?

Selbstmarketing ist der Schlüssel: Bauen Sie systematisch ein positives Bild von sich auf, indem Sie vom Marketing lernen, wie Sie sich selbst gut darstellen können. Unter Marketing versteht man im Allgemeinen die werbende Darstellung für ein Produkt. Beim Selbstmarketing sind Sie das Produkt. Sie ziehen dadurch die Aufmerksamkeit von Personen im Unternehmen auf sich und zeigen, dass Sie die Anforderungen des Unternehmens erfüllen und dem Unternehmen darüber hinaus noch mehr bieten können.

`Selbstmarketing`

Bevor Sie beeinflussen können, wie andere Sie wahrnehmen, müssen Sie selbst wissen, wer Sie sind und wie Sie sich im Unternehmen präsentieren wollen. Dabei geht es nicht nur um Fakten wie Ihre Ausbildung, Ihr Studium oder Ihre Erfahrungen durch Praktika, sondern vor allem um das, was Sie als Person auszeichnet. Sie sollten deshalb herausfinden, was Sie von Ihren Kollegen und anderen Mitarbeitern unterscheidet, was Sie einzigartig macht.

Was macht Sie einzigartig?

Stellen Sie sich die folgenden Fragen und versuchen Sie, Ihre Antworten in ganzen Sätzen zu formulieren. Das hilft Ihnen, so konkret wie möglich zu antworten.

- Was waren die wichtigsten Stationen Ihrer Ausbildung und Ihres bisherigen Berufslebens?
- Was haben Sie dort gelernt oder erreicht?
- Was wollen Sie in Ihrer jetzigen Stelle erreichen?
- Was ist das Generalthema in Ihrer Entwicklung?
- Was qualifiziert Sie für Ihre jetzige Aufgabe?
- Was motiviert Sie bei Ihrer Arbeit?
- Was schätzen andere an Ihnen?

Sie können diese Reflexionsübung nutzen, um ein Basisprofil zu erstellen. Anhand des Basisprofils können Sie dann bei Bedarf schnell ein Profil für andere Zwecke anfertigen, etwa um sich auf eine Selbstpräsentation oder eine Vorstellungsrunde vorzubereiten. Ihr Basisprofil sollte Folgendes beinhalten:

`Basisprofil`

Name und Foto: Ein Bild prägt den ersten Eindruck. Lassen Sie Fotos deshalb immer von einem Profi anfertigen. Je besser das Bild die Persönlichkeit trifft, die Sie verkörpern möchten, umso mehr unterstützt es Ihr Profil.

Ausbildung und Berufserfahrung: Schulbildung, Abschlüsse von Universitäten, Berufsausbildungen und die wichtigsten Stationen des Arbeitslebens gehören hierher. Im Idealfall lässt sich ein roter Faden in Ihrem Werdegang erkennen.

Fachgebiete: Beschreiben Sie hier Ihre Fachgebiete und Schwerpunktthemen. Damit konkretisieren Sie Ihren fachlichen Hintergrund und stellen Ihre Einmaligkeit heraus.

Interessen: Ihre Interessen sollten stimmig mit Ihren Fachthemen sein. Ihre Fachthemen beschreiben, in welchen Bereichen Sie gut sind. Ihre Interessen geben die Richtung an, in die Sie sich entwickeln wollen.

Alleinstellungsmerkmal: Beschreiben Sie möglichst in einem Satz, was Sie einzigartig macht. Die Beschreibung sollte bildhaft sein, damit sie für die Entscheider einprägsam ist. Im Selbstmarketing geht es nun darum, dass diese Aussage von möglichst vielen Personen mit Ihrem Namen verknüpft wird.

Kontaktdaten: Stellen Sie die Adressen, E-Mail-Adressen, Netzwerkprofile und Telefonnummern zusammen, über die Sie erreicht werden wollen.

Vorgestellt werden

Gerade in den ersten Tagen im Unternehmen haben Sie viele Chancen, sich selbst zu präsentieren. In vielen Unternehmen ist es üblich, dass Vorgesetzte Ihre neuen Mitarbeiter den anderen Mitarbeitern vorstellen. Werden Sie einem neuen Kollegen vorgestellt, sollten Sie es nicht bei einem freundlichen Lächeln belassen. Überlegen Sie sich für diese Situation drei Dinge, die Sie über sich mitteilen wollen. Sie könnten etwa Folgendes sagen: „Ich freue mich, dass ich diese Stelle bekommen habe. Für das Thema Controlling habe ich mich schon im Studium sehr interessiert. Hier kann ich hoffentlich meine Fähigkeit, sehr genau mit Zahlen umzugehen, gut einbringen. Ich freue mich auch sehr darauf, mich bei weiteren Gelegenheiten mit Ihnen auszutauschen und Ihren Arbeitsbereich kennenzulernen." Mit diesen wenigen Sätzen wurden die folgenden Botschaften übermittelt: Ich habe umfangreiches Wissen, arbeite sehr genau und bin ein kontaktfreudiger Mensch.

Meetings

Bei Ihrem ersten Teammeeting bekommen Sie üblicherweise die Gelegenheit, sich vorzustellen. Ihre Vorstellung sollte drei bis fünf Minuten dauern. Überlegen Sie sich, was die Mitglieder Ihres neuen Teams über Sie wissen sollten. Gehen Sie dabei auf Ihren Ausbildungshintergrund und Ihre beruflichen Erfahrungen ein sowie auf das, was Sie in das Team einbringen wollen. Sagen Sie auch etwas zu Ihrem privaten Hintergrund. So helfen Sie den anderen, sich ein Bild von Ihnen zu machen.

Irgendwann werden Sie sicher auch an einer Besprechung mit Mitarbeitern aus einer anderen Abteilung teilnehmen. Nutzen Sie auch hier die Vorstellungsrunde zur positiven Selbstdarstellung. Vorstellungsrunden laufen nach dem folgenden Schema ab: Derjenige, der die Vorstellungsrunde beginnt, gibt das Muster vor, dem auch die anderen bei Ihrer Vorstellung folgen. Dabei sind alle Varianten möglich: von einer sehr kurzen, in der nur Name und Funktion genannt werden, bis hin zur langen Form, bei der jeder ausführlich über seinen Hintergrund berichtet. Sie müssen das Muster jedoch nicht unbedingt übernehmen. Auch wenn sich die anderen nur sehr knapp vorstellen, können Sie etwas mehr sagen, wenn Sie dies damit begründen, dass Sie neu im Unternehmen sind.

Telefonkonferenzen

Während Sie in einer Besprechung physisch anwesend sind, sodass sich die anderen Teilnehmer leicht ein Bild von Ihnen machen können, sind Sie in einer Telefonkonferenz für Ihre Gesprächspartner nicht sichtbar. Vielleicht ist auch die Situation einer Telefonkonferenz für Sie ungewohnt. Achten Sie darauf, dass Sie laut und deutlich sprechen. Nutzen Sie auch hier die Chance, etwas mehr von sich zu erzählen. Dadurch werden sich die anderen besser an Sie erinnern.

Begrüßungsmail

Eine Begrüßungsmail ist eine E-Mail, die von Ihnen oder Ihrem Vorgesetzten verfasst wird, um Sie im Team und vielleicht auch in den benachbarten Teams bekannt zu machen. Insbesondere in großen Unternehmen, bei denen die Mitarbeiter an unterschiedlichen Orten arbeiten, ist dies eine übliche Form, um neue Mitarbeiter vorzustellen. Veröffentlichen Sie auf diesem Weg ein möglichst ausdrucksstarkes Foto von sich. Gehen Sie, wie in den Vorstellungsrunden, auf Ihre Ausbildung, Ihre beruflichen Erfahrungen und auch auf etwas Privates ein.

Generell gilt, dass Kommunikation der Schlüssel zum Erfolg ist. Beziehungen aufzubauen und zu erhalten ist nicht nur in den ersten Tagen im Unternehmen eine wichtige Fähigkeit. Auch in Projekten und Arbeitsgruppen sowie bei der abteilungsübergreifenden Zusammenarbeit sollten Sie durch Ihre Kommunikation die Basis für gute Beziehungen legen.

Tipps für Ihren Erfolg

Kommunizieren Sie bewusst. Beachten Sie, dass jede Nachricht neben einer Sachaussage auch eine Selbstoffenbarung, eine Aussage über die Beziehung und einen Appell vermittelt.

Achten Sie darauf, wie Ihr Empfänger Ihre Botschaft aufnimmt. Nur anhand der Reaktion Ihres Gesprächspartners können Sie sich erschließen, wie Ihre Aussage aufgefasst und verstanden wurde.

Nutzen Sie Small Talk, um eine Beziehung zu Ihren Kollegen aufzubauen. Gute Beziehungen helfen Ihnen, sich schneller einzuleben.

Überlegen Sie, wie Sie sich im Unternehmen präsentieren wollen. Ein guter erster Eindruck verhilft Ihnen zu einem guten Image.

Nutzen Sie jede Gelegenheit, die sich Ihnen bietet, sich selbst in einem guten Licht darzustellen.

Gruppendynamik: Einen Platz im Team finden

Wenn du schnell sein willst, dann gehe allein, wenn du weit kommen willst, dann gehe gemeinsam.

Afrikanisches Sprichwort

Wer sich in einer Besprechung vorstellt, nennt meist seine Abteilung oder sein Team. Ihre Abteilung oder Ihr Team sind in der Organisation der Ort, zu dem Sie gehören. Sie sind Ihre Heimat und Ihr emotionales Rückgrat. Welchen Platz Sie innerhalb des Teams einnehmen, hängt davon ab, wie Sie sich in das Team integrieren. Es findet ein gruppendynamischer Prozess statt, durch den Sie mit den anderen Teammitgliedern Ihre Position bestimmen. Wichtig dabei ist, dass Sie einen Platz finden, an dem Sie Ihre Kompetenz einbringen können und sich wohl fühlen.

In diesem Kapitel erhalten Sie Antworten auf die folgenden Fragen:

- Was ist ein Team?
- Wie finde ich meinen Platz?
- Wie nutze ich das Team für meine Entwicklung?

Über Teams und ihre Entwicklung

„Ein Team ist mehr als die Summe seiner Mitglieder." Dieser immer wieder gebrauchte Aphorismus bringt auf den Punkt, was Teamarbeit von einer Einzelleistung unterscheidet: Einzelleistungen sind das Ergebnis, das ein Mitarbeiter durch seine Kompetenz erzielt. Er kann dabei schnell arbeiten, weil er nicht auf andere angewiesen ist und alle Entscheidungen allein trifft. Allerdings ist das Ergebnis dann auch allein von seinen Fähigkeiten und seiner Kompetenz abhängig. Für die meisten Produkte und Dienstleistungen ist jedoch die Kompetenz von mehreren Mitarbeitern notwendig. Teamarbeit ist die Organisationsform, mit der diese Ergebnisse erzielt werden.

Eine Gruppe wird dann zu einem Team, wenn alle Teammitglieder gemeinsam an einer Lösung arbeiten, ohne dass die Teammitglieder miteinander konkurrieren.

Immer wieder zeigt sich, dass Teams Herausforderungen bewältigen können, die sie sich vorher kaum zugetraut hätten. Eine der eindrucksvollsten Teamübungen, die dies den Teilnehmern in Trainings vor Augen führt, ist der „Eierflieger". Dabei werden kleine Teams gebildet, die die Aufgabe haben, mit einem Flipchart-Blatt, einigen Moderationskarten und Klebeband ein Fluggerät herzustellen, mit dem ein rohes Ei aus 6 m Höhe sicher zu Boden

Beispiel Eierflieger

transportiert werden kann. Zu Beginn der Übung hat keiner der Teammitglieder eine Idee für eine Lösung, doch gelingt es den Teams in der Regel trotzdem, eine originelle Lösung zu finden. Was durch die Zusammenarbeit entsteht, ist mehr als das, was die Arbeitsergebnisse von Einzelpersonen zusammen ergeben würden.

Erfolgsfaktoren für Teamarbeit

Das Geheimnis erfolgreicher Teamarbeit liegt darin, dass jeder davon überzeugt ist, persönlich etwas im Team bewegen zu können. Dabei entwickelt jedes Team einen eigenen Arbeitsstil und gemeinsame Werte, die von gegenseitigem Respekt und Kooperationsbereitschaft geprägt sind. Alle im Team verfolgen ein gemeinsames Ziel, und jeder im Team trägt in seiner Rolle dazu bei, dass das Ziel erreicht wird. Das führt dazu, dass Teammitglieder hochmotiviert sind und Höchstleistungen vollbringen können. Durch diese Arbeitsweise identifiziert sich jeder mit dem Team. Es entsteht ein „Wir-Gefühl" und der Einzelne ist stolz auf sein Team.

Doch nicht jede Abteilung und jedes Team in einer Organisation ist ein Team im eben beschriebenen Sinn. Oft arbeitet jedes Teammitglied an einem eigenen Thema. Dennoch gelten auch hier die Prinzipien der Teamarbeit. Denn jeder ist bei seiner Arbeit auf die Unterstützung der anderen angewiesen und alle Tätigkeiten müssen aufeinander abgestimmt sein. Das gelingt dann, wenn die Mitarbeiter nicht gegeneinander konkurrieren, sondern miteinander kooperieren, und wenn jeder nicht nur auf seine individuelle Leistung, sondern auch auf die Gesamtleistung der Abteilung stolz ist und sich für diese mitverantwortlich fühlt.

Jedes Team verhält sich anders, doch es gibt typische Muster, nach denen sich Teams entwickeln. Diesen Teamentwicklungsprozess hat Bruce Tuckman 1965 beschreiben. Nach seinem Modell entwickeln sich Teams in vier Phasen: Forming, Storming, Norming und Performing. Ein Team durchläuft diese Phasen nicht nur zu Beginn, sondern immer wieder, wenn ein neues Teammitglied hinzukommt, das die Rollen im Team verändert. In dem Moment, in dem Sie in das Team kommen, beginnt also ein Teamentwicklungsprozess, auch wenn das dem Team meist gar nicht bewusst ist. Der Teamentwicklungsprozess ist in Abbildung 2 dargestellt.

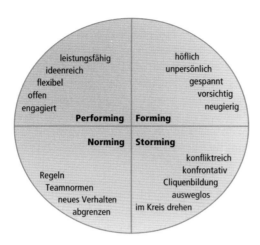

Abbildung 2: Bruce Tuckmans Modell zeigt, wie sich Teams entwickeln.

Die Teamentwicklung ist ein Lernprozess im Team, bei dem die Teammitglieder ihre Arbeitsform gestalten. Sie machen sich miteinander vertraut, erkämpfen sich ihren Platz in der Gruppe und geben sich Regeln. Erst am Ende seiner Entwicklung ist das Team arbeitsfähig.

Teamentwicklungsmodell

Forming: Suche nach Akzeptanz und Orientierung

Nicht nur für Sie ist der Eintritt ins Unternehmen spannend, auch die Mitglieder Ihres neuen Teams sind neugierig auf Sie. Der Abteilungsleiter hat Sie vielleicht mit ein paar Worten angekündigt und vorgestellt, doch viele Fragen sind noch offen: Wer ist der Neuzugang? Welche Aufgaben wird er übernehmen?

Das Forming ist die Orientierungsphase in der Teamentwicklung. Bei neu gebildeten Teams machen sich die Mitglieder in dieser Phase mit den Zielen und Aufgaben des Teams vertraut und lernen einander kennen. Sie erhalten Antworten auf die Frage: „Wo bin ich hier?"

Das Team, in das Sie kommen, hat vermutlich schon den gesamten Teamentwicklungsprozess durchlaufen. Jeder kennt seinen Platz im Team und es gibt formelle und informelle Regeln. Während sich die Teammitglieder untereinander so verhalten, wie sie es immer tun, verhalten sie sich Ihnen gegenüber noch etwas distanziert. Denn die Phase des Forming ist eine Phase des ersten gegenseitigen Abtastens. Noch fehlt den Teammitgliedern das Vertrauen, sich zu öffnen, und Ihnen wird es wahrscheinlich ähnlich gehen. Sie kennen die anderen noch nicht und wissen nicht, welche Verhaltensweisen im Team üblich sind. Sie versuchen deshalb in dieser Phase, sich von Ihrer besten Seite zu zeigen, und Ihre neuen Kollegen verhalten sich ebenso.

Auch im Hinblick auf die sachliche Seite der Teamarbeit ist die Forming-Phase eine Orientierungsphase. Es geht dabei darum, die Aufgaben des gesamten Teams kennenzulernen und herauszufinden, welche Aufgaben Sie übernehmen sollen und wie sich das auf die Aufgaben der anderen Teammitglieder auswirkt.

Als Neuling im Team sollten Sie außerdem möglichst schnell die informellen Teamregeln kennenlernen. Nur so können Sie es vermeiden, unbeabsichtigt in Fettnäpfchen zu treten oder die Kollegen zu verärgern.

Welche informellen Regeln gelten in Ihrem Team?

- Wie kleiden sich die Kollegen bei der Arbeit?
- Sind die Arbeitsplätze eher aufgeräumt oder unordentlich?
- Wie liefern die Kollegen die Arbeitsergebnisse ab?
- Wie spricht man im Team miteinander?
- Wie gestalten die Teammitglieder ihre Pausen?
- Wie verläuft die Zusammenarbeit mit anderen Abteilungen?
- Welches Verhalten ist gegenüber der Führungskraft üblich?
- Welche Leistungen erwartet und schätzt das Team?

Die Phase des Forming endet meist unbemerkt. Vielleicht fällt Ihnen irgendwann auf, dass die Teammitglieder versuchen, Ihnen Grenzen zu setzen. Man ist nicht mehr nur freundlich, sondern fängt auch an, Ihr Verhalten gelegentlich zu kritisieren.

Storming: Der Kampf um den Platz in der Gruppe
In der Storming-Phase werden die Fronten geklärt. Nun finden die Teammitglieder heraus, welches Territorium sie beanspruchen, wo sie in Konkurrenz zu anderen stehen und welche Rolle die Gruppe den einzelnen Mitgliedern zugesteht. Jedes Teammitglied muss für sich die Frage beantworten: Wie sehr will und kann ich mich in die Gruppe integrieren und mich deren Normen unterordnen, ohne zu viel von meiner Individualität aufzugeben? Es gilt nun, die Balance zu finden zwischen Integration – „Ich bin Teil des Teams" – und Desintegration – „Ich bin ein Individuum".

Wenn Sie als Einzelner in ein neues Team kommen, spielt sich diese Auseinandersetzung zwischen Ihnen und den anderen Teammitgliedern ab. Dabei weisen Ihnen die anderen Teammitglieder bewusst oder unbewusst einen Platz im Team zu. Ihre Aufgaben werden zwar von der Führungskraft festgelegt, aber in der Storming-Phase geht es nicht nur um die formelle Aufgabenverteilung im Team. Es gibt weitere Aufgaben, deren Verteilung ein Team ohne Anweisungen des Chefs aushandelt: Wer schreibt Protokoll? Wer kümmert sich um welche organisatorischen Dinge? Ähnlich verhält es sich mit den Gepflogenheiten im Team: gemeinsame Pausen, Ordnung im Büro und in der Kaffeeküche, Anwesenheitszeiten, Erreichbarkeit und vieles mehr.

In Bezug auf all diese Dinge haben sich feste Gewohnheiten im Team herausgebildet, aber Sie als Neuzugang haben auch Ihre eigenen Vorstellungen. Wollen Sie immer mit allen Kollegen zu Mittag essen? Sind Sie ein ordentlicher Mensch oder gehört eine gewisse Unordnung zu Ihrem Leben dazu? Kommen Sie lieber später oder früher? Wollen Sie immer erreichbar sein? In der Storming-Phase müssen Sie Ihre Vorstellungen mit denen des Teams in Einklang bringen.

Wollen Sie mittags nichts essen und vielleicht lieber ein paar Minuten allein sein, müssen Sie sich nicht anpassen. Sie würden sich sonst auf Dauer unwohl fühlen und unter den gemeinsamen Mittagessen leiden. Ist Ihnen Ordnung sehr wichtig, Ihr Team legt darauf aber keinen Wert, dann sollten Sie darauf hinarbeiten, dass die anderen in der Zusammenarbeit mit Ihnen etwas ordentlicher werden. Dies gilt natürlich auch umgekehrt: Ist Ordnung für Sie Nebensache, müssen Sie sich zu einem gewissen Grad den Ordnungsvorstellungen des Teams anpassen, aber auch durchsetzen, dass man bei Ihnen eine gewisse Unordnung akzeptiert. Gehen Sie den Konflikten in der Storming-Phase nicht aus dem Weg. Sie können das Verhalten des Teams beeinflussen und auf Dauer ist das oft auch zum Wohle des Teams. Sie können auf diese Weise der frische Wind sein, der eingefahrene Gewohnheiten ändert.

In der Phase des Storming kann es sein, dass Sie befürchten, dass Sie sich in diesem Team nie wirklich wohl fühlen werden, dass Sie sich ewig über Ordnung, Anwesenheitszeiten oder die Erreichbarkeit streiten werden. Doch letztlich sind die Streitigkeiten wie ein langer Regen, der irgendwann einfach aufhört. Die Norming-Phase beginnt.

Norming: Entspannung und Beginn der Kooperation
In der Norming-Phase schlägt die Stimmung ins Positive um. Sie erleben, dass Sie zum Team dazugehören und dass man Ihre „Eigenheiten" akzeptiert, und Sie stellen fest, dass Sie selbst nun Teamverhalten akzeptieren können, dass Sie am Anfang kritisiert haben. Sie und das Team erleben sich jetzt als Einheit.

In dieser Phase werden Rollen, Positionen, Funktionen und Verfahren festgelegt, mit denen das Team arbeiten will. Die Gruppenmitglieder geben sich mehr oder weniger formelle Regeln, wenn sich ein Team neu bildet. Kommt ein bestehendes Team erneut in die Norming-Phase, werden seine formellen und informellen Regeln verändert. Bei den formellen Regeln geschieht das, wenn nach einer Diskussion im Team beispielsweise die Vereinbarungen über Anwesenheitszeiten neu festgelegt werden. Informelle Regeln ändern sich dagegen von allein, wenn zum Beispiel nicht mehr alle gemeinsam zum Mittagessen gehen.

Es gibt keine richtigen oder falschen Regeln. Die Regeln sind das Ergebnis eines Kompromisses nach Konflikten und Auseinandersetzungen. Sie tragen dazu bei, eine stabile Basis für die Zusammenarbeit zu schaffen, und sind nach der Norming-Phase nicht mehr so leicht zu verändern. Das Team besteht nun darauf, dass die Regeln eingehalten werden. Auf diese Weise werden Konflikte und Auseinandersetzungen im Team mit Hilfe der Regeln gelöst.

Mit den Regeln und Normen entwickelt das Team auch seine Identität. Damit unterscheidet es sich von anderen Teams und grenzt sich von der Organisation und der Außenwelt ab. Das zeigt sich daran, dass sich das Verhalten der Teammitglieder immer mehr angleicht. Als Berufsanfänger werden Sie die Identität eines Teams nicht grundsätzlich ändern. Sie können jedoch neue Akzente setzen und damit Ihre individuelle Handschrift im Team einbringen.

Performing: Das Team arbeitet selbstorganisiert
Nach Ihrer Integration sind Sie ein nicht mehr wegzudenkender Teil des Teams. Sie kennen die Stärken der anderen und haben sich zugleich an deren Macken und Marotten gewöhnt. Und umgekehrt: Die Teammitglieder haben Sie schätzen gelernt und akzeptieren Ihre Schwächen.

Als Performing bezeichnet man die Phase, in der die Teammitglieder effizient zusammenarbeiten. Die Teamentwicklung ist abgeschlossen und die Teammitglieder konzentrieren ihre Aufmerksamkeit und Energie darauf, das Ziel zu erreichen. In den drei vorhergehenden Phasen haben Sie und das Team sich mit sich selbst beschäftigt. Erst jetzt arbeitet das Team wieder effizient. Das heißt natürlich nicht, dass das Team nicht schon vorher gearbeitet hätte, aber es wurde auch über Aufgabenverteilung und Arbeitserledigung diskutiert. Erst jetzt kann das Team seine ganze Energie in die Zielerreichung investieren.

So integrieren Sie sich gut ins Team:

- Lernen Sie jedes einzelne Teammitglied kennen.
- Fragen Sie nach der Geschichte des Teams. Viele Verhaltensweisen werden erst verständlich, wenn man die Hintergründe kennt.
- Erzählen Sie viel von sich, damit die anderen wissen, wer Sie sind.
- Fragen Sie viel und fragen Sie nach, wenn Ihnen Dinge unklar sind.

- Vertreten Sie Ihre Interessen im Team. Verhalten Sie sich dabei aber den anderen Teammitgliedern gegenüber fair.
- Überzeugen Sie die anderen von Ihrem Standpunkt, aber lassen Sie sich auch überzeugen.
- Machen Sie sich mit den Teamregeln vertraut und nehmen Sie Einfluss auf die Regeln, die Ihnen persönlich zuwiderlaufen.
- Sprechen Sie über Ihre Rolle im Team, sowohl mit der Führungskraft als auch mit den Teammitgliedern. Dies ist die Basis für eine reibungslose Zusammenarbeit.
- Gestalten Sie die Teamkultur mit. Indem Sie sich so verhalten, wie es im Team üblich ist, aber auch, indem Sie frischen Wind in das Team bringen.
- Nutzen Sie Teammeetings, um über Rollen und Regeln zu sprechen.
- Nehmen Sie an Teamevents teil. Anlässe wie Geburtstage sind Gelegenheiten, informelle Kontakte zu knüpfen. Sie stärken den Zusammenhalt des Teams.

Die eigene Funktion im Team finden

Welche Rolle und Aufgaben Sie im Team übernehmen, bestimmt Ihre Führungskraft. Für sie ist es wichtig, dass das gesamte Team bzw. die Abteilung ihre Aufgabe gut erledigt. Dabei müssen die unterschiedlichen Kompetenzen der Teammitglieder, aber auch ihre Vorlieben berücksichtigt werden. Sie können davon ausgehen, dass keine Führungskraft Interesse daran hat, Sie mit unangenehmen Aufgaben zu schikanieren. Welche Aufgabe Sie übertragen bekommen, hängt von Ihrer fachlichen Kompetenz, aber auch von Ihrer Sozialkompetenz ab, also von Ihrer Fähigkeit, zu kommunizieren, Konflikte zu lösen und Stress zu bewältigen. Natürlich ist auch entscheidend, welche Aufgabe im Team gerade frei ist.

Informelle Teamhierarchien Wie gut Sie sich im Team positionieren können, hängt auch davon ab, wie gut Sie das Team kennen. In einem idealen Team hat jeder seine Rolle, die er ausfüllt, und alle begegnen einander auf Augenhöhe. Doch in der Realität sieht das anders aus. In Teams und Abteilungen gibt es eine informelle Hierarchie. Es gibt diejenigen, die das Sagen haben und Einfluss auf das Team und seine Arbeitsweise nehmen, und andere, die am Rand stehen und auf deren Meinung man kaum hört.

Viele Modelle beschreiben die Funktionen innerhalb eines Teams. **Funktionen im Team**
Ein gut anwendbares Modell von Eduard Krainz arbeitet beispielsweise mit vier unterschiedlichen Funktionen, die Teammitglieder einnehmen können: Zielorientierung, Gruppenerhalt, Individualität und Steuerung. Es handelt sich dabei um eine idealtypische Funktionsverteilung. In der Realität ist ein Teammitglied nicht auf eine Funktion festgelegt, sondern kann mehrere Funktionen wahrnehmen und zwischen ihnen wechseln. Dennoch zeigt sich, dass Teammitglieder ihren Schwerpunkt meist auf eine der vier Funktionen legen.

Zielorientierung: Die Richtung der Gruppe geben Teammitglieder vor, deren Funktion die Zielorientierung ist. Man erkennt sie daran, dass sie in einem Workshop als Erstes zum Flipchart gehen, um das Ziel des Workshops aufzuschreiben, dass sie die Arbeit im Team organisieren und Lösungen für Probleme vorschlagen. Charakteristisch ist auch ihr Diskussionsverhalten: Sie ergreifen die Initiative, geben viele Informationen und äußern ihre Meinung; sie stellen Fragen, um Informationen von anderen zu erhalten oder deren Meinung zu erfahren; ihre Argumentation baut auf den Beiträgen anderer auf, sie fassen zusammen und koordinieren die Beiträge der Teammitglieder.

Gruppenerhalt: Teammitglieder, die die gruppenerhaltende Funktion wahrnehmen, kümmern sich um den Erhalt des Teams und agieren auf der Beziehungsebene. Typischerweise sorgen sie für eine positive Atmosphäre, indem sie den Kaffee kochen, Knabbereien mitbringen und oft etwas Nettes sagen. In konfliktreichen Situationen sind sie die Vermittler. Sie neigen dazu, sich für die Bedürfnisse einer Seite einzusetzen, die im Team in der Minderheit ist. Sie können gut zuhören, Streits schlichten, Gemeinsamkeiten finden und Spannungen etwa durch Witz lösen. Zugleich achten sie auch darauf, dass die Regeln eingehalten werden. Ihre eigenen Interessen ordnen sie oft denen der Gruppe unter.

Individualität: Teammitglieder, die diese Funktion ausfüllen, werden oft als störend empfunden. Sie neigen dazu, sich wichtig zu machen, haben oft Einwände und konkurrieren mit anderen Teammitgliedern. Sie zeigen damit jedoch auch, dass auch die Individualität des Einzelnen im Team akzeptiert werden kann.

Je mehr eine Gruppe solches Verhalten zulässt, umso toleranter ist sie gegenüber den individuellen Bedürfnissen der Teammitglieder. Das entlastet letztlich auch die anderen Teammitglieder von dem Druck, sich immer der Gruppe unterzuordnen. Indirekt vermitteln diese Teammitglieder also eine soziale Sicherheit, indem sie zeigen, dass jeder im Team seinen Platz hat.

- **Steuerung:** Ein Team spürt intuitiv, wenn diese Funktion in einer Situation notwendig ist, und sie wird meist unbewusst wahrgenommen. Funktioniert dieser Mechanismus jedoch nicht, denn müssen einige Teammitglieder die Funktion übernehmen, das Team zu steuern. Sie beobachten die Gruppe und stellen Diagnosen, indem sie Beiträge bewerten und in den Gesamtzusammenhang einordnen, Vergleiche ziehen und festhalten, wo die Gruppe steht und wo sie hin will. Sie überprüfen, ob die eingeschlagene Richtung zweckmäßig ist, und fragen nach den Gründen und Motiven der Beiträge anderer Teammitglieder. Wenn Entscheidungen anstehen, dann helfen sie dem Team, sich zu einigen.

Welche Funktion möchten Sie in Ihrem Team einnehmen?

Beobachten Sie, wer in Ihrem Team welche Funktion hat, und zeichnen Sie ein Bild des Teams. Versuchen Sie nun herauszufinden, welche Funktion Ihnen am meisten liegt:

- Wollen Sie dem Team eine Struktur oder ein Ziel geben?
- Ist es Ihnen wichtig, dass sich alle im Team wohl fühlen?
- Wollen Sie vor allem Sie selbst bleiben und sich dem Team nicht mehr als nötig unterordnen?
- Sind Sie eher ein reflektierender Mensch, der andere beobachtet, aber auch in der Lage ist, seine Beobachtungen mitzuteilen?

Funktion im Team einnehmen

Wenn Sie wissen, wer im Team welche Funktion ausfüllt und was Ihre Funktion sein wird, dann wissen Sie auch, mit wem Sie in dieser Funktion konkurrieren. Am leichtesten integrieren Sie sich in das Team, wenn Sie die Funktion im Team wahrnehmen, die nicht oder nur schwach besetzt ist. Bei einer Funktion ist jedoch Vorsicht geboten: der der Individualität. Nehmen Sie diese gleich zu Beginn ein, scheint es, als wollten Sie mit der Gruppe nichts zu tun haben. So werden Sie schnell zum Außenseiter.

> **Tipps für Ihren Erfolg**
>
> Ihr Team ist Ihre Heimat in der Organisation. Versuchen Sie daher, sich gut zu integrieren, um Rückhalt zu haben und sich im Job wohl zu fühlen.
>
> Analysieren Sie, wie Ihr Team arbeitet. Wenn Sie wissen, wer wie im Team agiert, können Sie leichter Ihren Platz im Team finden.
>
> Gestalten Sie bewusst Ihren Integrationsprozess in das Team. Warten Sie nicht, bis man Sie integriert, sondern werden Sie selbst aktiv.
>
> Arbeiten Sie zielstrebig daran, sich als kompetenter und zuverlässiger Teamplayer zu zeigen. So erhalten Sie Anerkennung von Ihrer Führungskraft und von Ihren Teamkollegen.

Auftragsklärung: Herausbekommen, was der Chef verlangt

Ob ein Mensch klug ist, erkennt man an seinen Antworten;
ob ein Mensch weise ist, erkennt man an seinen Fragen.
                              NAGIB MACHFUS (ÄGYPTISCHER SCHRIFTSTELLER)

Sie wurden eingestellt, damit Sie Aufgaben im Unternehmen übernehmen, entweder indem Sie für ein bestimmtes Thema verantwortlich sind oder indem man Ihnen ein Projekt überträgt. Wie gut Sie Ihre Aufgabe dann erledigen können, hängt auch davon ab, wie gut Ihnen die Aufgabe übertragen wurde. Haben Sie erst einmal einen Fehler gemacht, hilft es Ihnen jedoch wenig, sich darüber zu beschweren, dass man Ihnen Ihre Aufgabe nicht richtig erklärt hat. Sie sollten stattdessen schon bei der Übertragung einer Aufgabe selbst dazu beitragen, dass Sie ein gutes Ergebnis erzielen werden.

In diesem Kapitel erhalten Sie Antworten auf die folgenden Fragen:

- In welcher Form werden Aufgaben übertragen?
- Wie stelle ich die richtigen Fragen?
- Was muss ich bei einem Auftrag klären?

Formen der Auftragsübertragung

Nicht selten ist ein Chef enttäuscht, wenn seine Mitarbeiter ihre Aufträge nicht so erledigen, wie er es sich vorstellt. Er geht davon aus, dass er sich klar ausgedrückt hat. Aber offensichtlich war etwas unklar, denn die Mitarbeiter haben nicht verstanden, worauf es ankam. Nur dann, wenn Sie genau verstanden haben, was Ihre Führungskraft will, können Sie Aufträge zufriedenstellend erledigen.

In der Auftragsklärung besprechen Führungskraft und Mitarbeiter, wie der erteilte Auftrag auszuführen ist. Ziel ist, dass die Führungskraft so klar wie möglich sagt, welches Ergebnis sie erwartet, und dass der Mitarbeiter sicherstellt, dass er alles verstanden hat.

Auftragsübertragung

Aufträge können Ihnen auf zwei unterschiedliche Arten übertragen werden: durch eine Auftragserteilung oder durch eine Delegation.

Auftragserteilung: Ihnen wird eine Sachaufgabe übertragen, für die Sie die notwendige Kompetenz haben müssen. Diese Aufträge sind überschaubar und haben einen festgelegten Zeitrahmen. Ist das Ergebnis erstellt, dann ist der Auftrag abgeschlossen. Beispiel: Sie erstellen eine Präsentation.

Delegation: Beim Delegieren wird Ihnen eine Aufgabe oder ein Aufgabenbereich langfristig übertragen. Sie sind dann für diese Aufgabe oder das Thema zuständig, in der Regel auf unbegrenzte Zeit, und führen alle Tätigkeiten, die zu dieser Aufgabe gehören, eigenständig aus. Beispiel: Sie sind der Ansprechpartner für ein bestimmtes Produkt.

Für Neulinge sind anfangs vor allem Aufgaben geeignet, die keine zentrale Bedeutung für das Unternehmen haben. Es ist zwar schmeichelhaft, eine wichtige Aufgabe übertragen zu bekommen, aber Berufsanfänger sind damit erfahrungsgemäß schnell überfordert und leiden letztlich unter der Last der Verantwortung. Sie sollten daher mit Aufgaben starten, die Sie mit Ihrem in der Ausbildung erworbenen Wissen erledigen können. Wichtig ist, dass die Aufgabe nicht zu viel firmeninternes Wissen voraussetzt. Achten Sie auch darauf, dass man Ihnen genügend Zeit lässt, die Aufgabe zu erledigen. Denn gerade am Anfang fällt es oft schwer, die für eine Aufgabe benötigte Zeit richtig einzuschätzen, weshalb Sie leicht Gefahr laufen, aus Zeitmangel in Druck zu kommen. Im Idealfall unterstützt Sie bei der Aufgabe ein erfahrener Mitarbeiter. Von ihm können Sie vor allem lernen, wie man ein Problem anpackt.

Geeignete Aufgaben für den Berufsstart

Sie können sich jedoch nicht darauf verlassen, dass die Auftragsübertragung gleich optimal verläuft. Häufig haben Sie noch nicht genug Informationen, um ohne Bedenken starten zu können, und einzelne Aspekte sind noch unklar. Dann müssen Sie sich durch Fragen die nötigen Informationen verschaffen und Unklarheiten beseitigen. Der erste Schritt zur erfolgreichen Auftragserledigung besteht dann darin, die richtigen Fragen zu stellen.

Die Kunst, die richtigen Fragen zu stellen

Gut fragen zu können, ist eine der wichtigsten Fähigkeiten im Berufsleben. Denn viele Dinge bleiben andernfalls unausgesprochen, da Menschen oft davon ausgehen, ihre Gesprächspartner hätten die gleichen Informationen wie sie selbst. Ihre Führungskraft weiß viel mehr über die Hintergründe der Aufgabe, die sie Ihnen erteilt, und hat Erwartungen an das Ergebnis, die sie Ihnen nicht direkt mitteilt. Um diese Informationen zu erhalten, sollten Sie Fragen stellen. Bei der Auftragsklärung dienen Fragen dazu, Wissenslücken beim Auftragnehmer zu füllen. Durch Fragen und Antworten entsteht ein vollständiges Bild vom erteilten Auftrag.

Offene Fragen Die wirksamsten Fragen sind offene Fragen. Man nennt Sie auch W-Fragen, da man sie daran erkennt, dass sie mit Fragewörtern eingeleitet werden:

Wozu? – fragt nach den Gründen und Hintergründen: Wozu soll das Projekt durchgeführt werden?
Was? – fragt nach der Sache: Was soll mit dem Projekt erreicht werden?
Wann? – fragt nach einem Zeitpunkt: Wann soll das Projekt beginnen bzw. abgeschlossen sein?
Wer? – fragt nach Personen: Wer ist am Projekt beteiligt?
Wie? – fragt nach der Art und Weise, wie etwas getan werden soll: Wie soll das Projekt durchgeführt werden?
Wo? – fragt nach dem Ort: Wo sind die Arbeitsplätze der Projektmitarbeiter?

Geschlossene Fragen Es ist psychologisch nachvollziehbar, dass Menschen zeigen wollen, was sie wissen. Um das zu erreichen, stellen sie keine offenen, sondern geschlossene Fragen. Solche Fragen enthalten schon eine Antwort, auf die der Befragte nur noch mit „Ja" oder „Nein" antworten muss. Der Fragende zeigt damit, dass er bereits ein Vorwissen hat und eine mögliche Antwort bieten kann. Der Gesprächspartner wird so allerdings in eine Richtung gedrängt und verschweigt dabei oft Informationen, die eigentlich wichtig wären.

Beispiel *Eine geschlossene Frage könnte beispielsweise lauten: „Muss ich die Präsentation mit dem Abteilungsleiter der Abteilung XY abstimmen?" Wird diese Frage mit „Ja" beantwortet, stimmt der Mitarbeiter zwar seine Präsentation mit dem entsprechenden Abteilungsleiter ab, doch vielleicht hätte er auch noch andere Personen berücksichtigen sollen, die sich nun übergangen fühlen. Geschickter wäre daher eine offene Frage gewesen: „Mit wem muss ich die Präsentation abstimmen?"*

Vermeiden Sie also geschlossene Fragen, es sei denn, Sie wollen einen Sachverhalt auf den Punkt bringen. Wenn Ihre Führungskraft Ihnen beispielsweise mitteilt, dass ein Auftrag bis zum Monatsende fertig sein soll, könnten Sie nachfragen: „Heißt das, dass ich 14 Tage dafür Zeit habe?"

Oft sind die Antworten, die Sie auf Ihre Fragen bekommen, nicht präzise. Dahinter steht keine böse Absicht, vielmehr geht Ihr Gesprächspartner automatisch von seiner eigenen Vorstellungswelt aus. So kommt es, dass Informationen und Sachverhalte vorausgesetzt werden, von denen Sie noch nichts wissen. Klarheit in einem Gespräch entsteht nur dann, wenn beide Gesprächspartner das gleiche Bild vom Sachverhalt haben.

Unklare Antworten

Um unklare Sachverhalte zu klären, sollten Sie nachfragen. In folgenden Fällen ist es besonders wichtig, nachzufragen:

Nachfragen

- **Konjunktive:** Wer Konjunktive verwendet, vermeidet es, Dinge konkret auszusprechen, entweder weil er sich selbst nicht klar darüber ist oder weil er sich nicht festlegen möchte. Beispiel: „Man sollte die Richtlinie XY heranziehen." Geeignete Frage: „Wer sollte die Richtlinie XY beachten?"
- **Verallgemeinerungen:** Verallgemeinerungen führen zu unklaren Aussagen. Charakteristisch dafür sind Wörter wie „man", „wir", „alle". Beispiel: „Alle wenden die Richtlinie XY an." Geeignete Frage: „Wer hat die Verbindlichkeit der Richtlinie festgelegt?"
- **Behauptungen:** Behauptungen sind unbegründete Aussagen, die als Tatsachen hingestellt werden. Sie erscheinen dann oft unumstößlich, obwohl sie es gar nicht sind: Aussage: „Alle sind der Meinung, dass die Richtlinie XY beachtet werden muss." Geeignete Frage: „Worauf stützt sich Ihre Feststellung?"

Scheuen Sie sich nicht, Fragen zu stellen, denn Führungskräfte lernen in Ihrer Ausbildung, wie wichtig Fragen sind. Wahrscheinlich schätzt es Ihre Führungskraft, wenn Sie Fragen stellen, da Sie damit Ihr Interesse an den Aufgaben bekunden.

Instrumente der Auftragsklärung

Die Zeit, die Sie in die Auftragsklärung stecken, zahlt sich bei der Auftragsbearbeitung aus: Sie können gezielter arbeiten und vermeiden, dass Sie ein Ergebnis produzieren, dass den Erwartungen nicht entspricht. Bei der Auftragsklärung sollten Sie systematisch vorgehen. Dabei unterstützen Sie Instrumente, die Ihnen helfen, die richtigen Fragen zu stellen und das Ergebnis der Auftragsklärung zu dokumentieren.

Informationserhebung mit dem Zielkreuz

Das Zielkreuz wurde von der Firma Coverdale entwickelt. Es ist eine einfache Methode, mit der die wichtigsten Informationen für die Durchführung eines Auftrags ermittelt werden können. Dabei werden die folgenden Informationen festgehalten:

- **Das Motiv:** Warum ist der Auftrag erforderlich? Was ist der Anlass? Mit diesen Fragen erfahren Sie etwas über die Hintergründe der Auftragsübertragung oder Delegation. Ihnen wird der Kontext des Auftrags klar. Wenn Sie beispielsweise wissen, dass Ihre Führungskraft eine Präsentation für eine Entscheidungsvorlage benötigt, wissen Sie auch, dass Sie sehr sorgfältig alles zusammentragen müssen, was die Entscheidung beeinflussen kann.
- **Die Zielgruppe:** Wenn Sie wissen, für wen Sie etwas machen, fällt es viel leichter, das Ergebnis auf die Bedürfnisse dieser Zielgruppe auszurichten. Es ist ein Unterschied, ob Sie ein Konzept entwickeln, das Ihre Führungskraft für sich benötigt, oder eines, das Ihre Führungskraft beim Vorstand vorlegen will.
- **Der Auftragsinhalt:** Der Auftragsinhalt ist eine detaillierte Darstellung des Auftrags. Dabei wird das Ergebnis näher beschrieben. Besonders hilfreich ist es, wenn hier konkret die Einzelergebnisse aufgeführt werden, die Sie abgeben müssen.
- **Die Messkriterien:** Wenn Sie das Ergebnis abgeben, wird Ihre Führungskraft dies mit ihren Erwartungen vergleichen. Diese sollten Sie bereits bei der Auftragsvergabe in Erfahrung bringen. Denn es ist ein Unterschied, ob Ihre Führungskraft ein fehlerfreies Konzept in PowerPoint erwartet oder nur ein paar Folienentwürfe.

Um ein Zielkreuz zu erstellen, zeichnen Sie ein Quadrat, teilen dieses in vier Felder und beschriften diese wie im Beispiel in Abbildung 3.

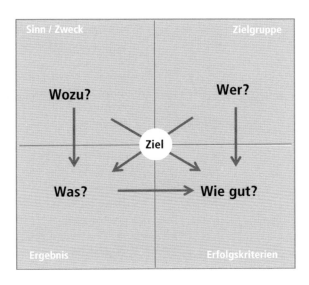

Abbildung 3: Das Zielkreuz beleuchtet die vier wichtigsten Aspekte eines Auftrags.

Im nächsten Schritt werden für jeden Punkt einzeln die Aspekte der Präsentation zusammengetragen. Dabei kann durchaus auch zwischen den Punkten gesprungen werden. Dies ist oft anregend und führt oft zu neuen Erkenntnissen. Es ist eine Phase des kreativen Sammelns.

Im letzten Schritt wird dann jeder Punkt eines jeden Feldes daraufhin geprüft, ob er Entsprechungen in den anderen Feldern hat. Sie hinterfragen so beispielsweise, ob eine Präsentation geeignet ist, das Ziel zu erreichen, oder ob der Erfolg der Präsentation anhand der aufgeführten Kriterien wirklich gemessen werden kann.

Die Technik des Mindmap wurde von dem britischen Psychologen Tony Buzan 1971 entwickelt. Ein Mindmap ist eine Gedankenlandkarte, mit der ein Themengebiet dargestellt wird. Es ist ein gutes Mittel, um eine Auftragsklärung durchzuführen. Abbildung 4 zeigt ein Beispiel.

Mindmap als Gedankenlandkarte

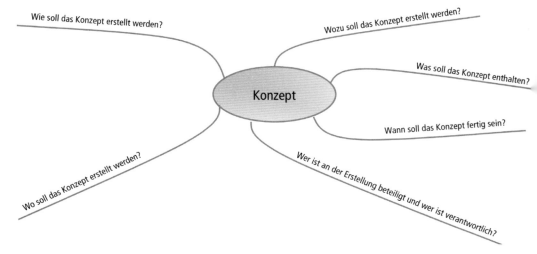

Abbildung 4: Mit einem Mindmap strukturieren Sie die Auftragsklärung.

Mindmaps gehen vom Thema aus, das bearbeitet werden soll. Man schreibt es in die Blattmitte. Davon ausgehend zeichnet man die Hauptäste ein. Sie stellen die Hauptgliederungspunkte des Themas dar. Bei einem Mindmap für die Auftragsklärung sind das die W-Fragen: Wer? Was? Wann? Wo? Wie? Wozu? Die Antworten auf diese W-Fragen werden dann entlang der entsprechenden Äste notiert.

Mindmap:

- Bereiten Sie ein Mindmap mit den Hauptästen für die W-Fragen vor.
- Schreiben Sie alle bekannten Informationen an die entsprechenden Äste der W-Fragen.
- Notieren Sie an die Äste oder Unteräste weitere Fragen, wenn Informationen fehlen.

- Nehmen Sie das Mindmap als Grundlage für das Auftragsklärungsgespräch und notieren Sie die Antworten an die entsprechenden Stellen im Mindmap.
- Machen Sie Beziehungen zwischen den Antworten durch Verbindungen deutlich.
- Tipp: Zur Erstellung von Mindmaps können Sie auch Programme wie MindManager nutzen.

Piloten arbeiten beim Start und bei der Landung Checklisten ab, um sicherzugehen, dass alle Einstellungen am Flugzeug stimmen. Bei der Auftragsklärung benutzen Sie Checklisten, um keine wichtige Frage zu vergessen. Checklisten halten die aus der Erfahrung gewonnen wichtigen Punkte fest, um diese in einer neuen Situation wieder zur Verfügung zu haben. Im folgenden Beispiel für eine solche Checkliste sind die für eine Auftragsklärung wichtigen Fragen enthalten.

Checklisten

Checkliste Auftragsklärung:

Formale Daten:
- Wer ist der Auftraggeber?
- Wer nutzt das Arbeitsergebnis?
- Wann soll der Auftrag begonnen werden?
- Wann müssen die Ergebnisse vorliegen?
- In welcher Form müssen die Ergebnisse übergeben werden?

Inhaltliche Daten:
- Welche Vorgeschichte gibt es zu dem Auftrag?
- Was ist das Ziel des Auftrages?
- Was gehört nicht zum Auftrag?
- Wer hat welches Wissen zum Auftrag?
- Wer muss bei der Auftragsbearbeitung einbezogen werden?
- Mit wem müssen die Ergebnisse abgestimmt werden?
- Wie hoch ist der Lösungsdruck für den Auftrag?

**Das Auftragsklärungsgespräch –
die Basis für eine erfolgreiches Arbeitsergebnis**

Eine gute Auftragsklärung braucht Zeit. Diese sollte sich Ihre Führungskraft nehmen. Lassen Sie sich nicht auf eine Auftragsvergabe zwischen Tür und Angel ein, sondern bitten Sie wenn nötig selbst um ein Gespräch.

Ein Auftragsklärungsgespräch verläuft in der Regel wie folgt: Ihre Führungskraft überträgt Ihnen den Auftrag und gibt Ihnen die aus ihrer Sicht notwendigen Informationen. Diese können ausführlich dargestellt oder auch nur kurz erläutert werden. Doch selbst wenn Sie ausführlich informiert werden, sollten Sie wiederholen, was Sie verstanden haben. Dabei werden Ihnen vermutlich einzelne Aspekte auffallen, die Ihnen noch unklar sind. Erhalten Sie zunächst nur eine kurze Erläuterung, sollten Sie möglichst systematisch mit einem Zielkreuz, einem Mindmap oder der Checkliste die Informationen zum Auftrag erfragen. Im Idealfall haben Sie am Ende des Gesprächs die Informationen auch gut dokumentiert, um sich immer wieder darauf beziehen zu können.

Auftragsklärung einfordern

Besonders schwierig wird es, wenn Ihr Chef keine Zeit für ein ausführliches Auftragsklärungsgespräch hat. Dann sollten Sie zunächst selbst so viele Informationen wie möglich zusammentragen. Anschließend bitten Sie um ein Gespräch, indem Sie Ihrem Chef erläutern, was Sie vom Auftrag verstanden haben und wie Sie vorgehen werden. Fragen Sie so hartnäckig wie möglich nach, falls sich Ihr Chef nur wenig Zeit nimmt. Im Zweifelsfall ist es immer noch besser, die Nerven des Chefs bei der Auftragsvergabe etwas zu strapazieren, als sich später für ein schlechtes Ergebnis rechtfertigen zu müssen.

Tipps für Ihren Erfolg

Besprechen Sie mit Ihrer Führungskraft bei der Auftragsübertragung die Details. Dabei sollten Sie so viele Informationen wie möglich zum Auftrag erfragen. Nur so bekommen Sie heraus, was Ihre Führungskraft von Ihnen erwartet.

Stellen Sie viele offene Fragen. Damit erhalten Sie nicht nur wichtige Informationen, sondern zeigen auch Ihr Interesse.

Nutzen Sie für die Auftragsklärung Arbeitstechniken wie Zielkreuz, Mindmap oder Checklisten. So erfassen Sie die Informationen systematisch und sind sicher, dass Sie nichts vergessen.

Seien Sie aktiv im Auftragsklärungsgespräch. Nicht nur Ihre Führungskraft ist dafür verantwortlich, dass alle Fakten auf den Tisch kommen. Es ist auch in Ihrem Interesse, dass Sie bei der Auftragsvergabe so viel wie möglich über den Auftrag erfahren.

Der erste Monat: Den eigenen Arbeitsstil finden

Inzwischen ist es schon fast eine Gewohnheit, durch den Eingang in das Gebäude zu treten. Außer Ihren Kollegen kennen Sie nun auch schon einige andere Menschen, zumindest vom Sehen. Die ersten Arbeitsaufträge liegen auf Ihrem Tisch und manchmal haben Sie das Gefühl, nicht alles geschafft zu haben. Sie fragen sich: Wie schaffen das meine Kollegen? Diese haben einen eigenen Arbeitsrhythmus, mit dem sie ihr Arbeitspensum bewältigen. Ihren Rhythmus müssen Sie erst noch finden.

Im ersten Monat ist es erfolgsentscheidend, dass Sie nach einem eigenen Arbeitsstil suchen und sich durch eigene Bemühungen eine Arbeitsweise aneignen, die effizient ist und mit der Sie Ihr Arbeitspensum bewältigen können.

Zeitmanagement Sie haben einen Achtstundentag, der oft auch etwas länger dauert. Aber es gibt eine gesetzliche Grenze: Mehr als zehn Stunden am Tag dürfen Sie nicht arbeiten und auch nicht mehr als 60 Stunden in der Woche. Wenn auch diese Grenzen manchmal überschritten werden, so ist dies eine Ausnahme – oder sollte es sein. Nicht nur, weil es gegen das Arbeitszeitgesetz verstößt, sondern auch, weil Sie diese Belastungen auf Dauer nicht durchhalten. Sie müssen das, was auf Ihrem Tisch liegt, in der Arbeitszeit schaffen. Zeitmanagement ist hier das Zauberwort. Darunter versteht man Techniken, mit denen Sie die Ihnen zur Verfügung stehende Zeit besser nutzen können.

Arbeitstechniken Sicher sind Sie schon routiniert im Umgang mit den Office Tools: Word, Excel und PowerPoint sind für Sie kein Problem. Darüber hinaus gibt es aber noch hilfreiche Arbeitstechniken. Mit diesen können Sie Informationen rationeller erfassen und speichern, Lösungen für Probleme finden und Entscheidungen fällen.

Zeitmanagement:
Der Umgang mit der eigenen Zeit

*Wir verlieren die meiste Zeit dadurch,
dass wir Zeit gewinnen wollen.*

SPRICHWORT

Mit jedem Tag, den Sie im Unternehmen verbringen, können Sie mehr Aufgaben übernehmen und man wird Ihnen auch mehr Aufgaben übertragen. Irgendwann kommt der Punkt, an dem Sie sich fragen: Wie soll ich das alles schaffen? Diese Frage stellen sich tausende Menschen jeden Tag. Der effektive und effiziente Umgang mit der eigenen Arbeitszeit ist eine der größten Herausforderungen für jeden Beschäftigten. Deshalb haben sich immer wieder Menschen mit diesem Thema, das Zeitmanagement genannt wird, beschäftigt und Lösungen gefunden, die helfen, mit der knappen Ressource Zeit gut umzugehen. Zeitmanagement ist zwar keine Wunderwaffe, um all Ihre „Zeitprobleme" zu lösen, doch es bietet Hilfestellungen für die Organisation der eigenen Arbeit.

In diesem Kapitel erhalten Sie Antworten auf die folgenden Fragen:

- Was ist Zeitmanagement?
- Wie plane ich meinen Arbeitstag?
- Wie nutze ich die Arbeitstechniken des Zeitmanagements?

Was ist Zeitmanagement?

Während sich die Bearbeitung der Aufgaben manchmal scheinbar endlos hinzieht, lässt sich die Zeit, die dafür zur Verfügung steht, nicht ausdehnen. Sprüche wie „Der Tag hat 24 Stunden, und wenn das nicht ausreicht, dann nehmen Sie noch die Nacht dazu" helfen da auch nicht weiter. Dahinter steht letztlich nur die Aussage: „Sehen Sie zu, wie Sie mit Ihrer Zeit zurechtkommen." Zeitmanagement ist nun der Schlüssel zum Erfolg.

Zeitmanagement ist die konsequente Anwendung von Arbeitstechniken in der täglichen Praxis, um die zur Verfügung stehende Zeit optimal zu nutzen.

Gutes Zeitmanagement setzt eine positive Spirale in Gang: Sie organisieren Ihre Arbeit besser und erledigen sie damit mit weniger Aufwand. Damit haben Sie weniger Hektik und Stress und machen weniger Fehler. Zudem sind Sie ausgeglichener und motivierter.

Sich Ziele setzen

Der erste Schritt zum erfolgreichen Zeitmanagement besteht darin, dass Sie Ziele für Ihre Arbeit festlegen und sich einen Überblick darüber verschaffen, wie Sie Ihre Zeit verwenden. Allein schon dadurch, dass Sie die Dinge weglassen, die Ihnen nicht helfen, Ihre Ziele zu erreichen, können Sie schon viel Zeit gewinnen. Noch mehr Zeit gewinnen Sie, wenn Sie Ihre Tätigkeiten so planen, dass Sie die zur Verfügung stehende Zeit optimal nutzen. Das gelingt Ihnen, indem Sie Ihre Tätigkeiten priorisieren und nur das erledigen, was wirklich wichtig ist.

Berufsziel festlegen — Ein Zeitgewinn entsteht, wenn unwichtige und für den Erfolg nicht entscheidende Tätigkeiten wegfallen. Deshalb sollten Sie den Fokus nicht auf Tätigkeiten, sondern auf Ziele legen. So konzentrieren Sie sich bei der Arbeit auf die Tätigkeiten und Projekte, die Sie in Ihrer beruflichen Entwicklung weiterbringen. Wenn Sie nicht alle Aufgaben bewältigen können, versuchen Sie sich von denen zu befreien, die am wenigsten in Ihre Berufsplanung passen. Nehmen Sie sich Zeit, um Ihr berufliches Ziel zu beschreiben. Legen Sie für sich fest, was Sie in drei Jahren erreicht haben wollen. Dieses Ziel ist dann der Maßstab, mit dem Sie die konkreten beruflichen Tätigkeiten bewerten. Wenn Sie Ihr Ziel kennen, wissen Sie, worauf Sie sich konzentrieren müssen.

SMART-Methode — Ziele lassen sich besonders gut mit der SMART-Methode beschreiben. SMART steht für: spezifisch, machbar, aktionsorientiert, realistisch und terminiert.

SMART-Methode:

Prüfen Sie nach der Zielformulierung, ob Ihr Ziel die folgenden Kriterien erfüllt:

Spezifisch: Ist das Ziel so konkret wie möglich beschrieben?
Messbar: Woran wollen Sie messen, dass Sie Ihr Ziel erreicht haben?
Aktionsorientiert: Mit welchen Tätigkeiten und Aktivitäten wollen Sie Ihr Ziel erreichen?
Realistisch: Können Sie Ihr Ziel tatsächlich erreichen?
Terminiert: Bis wann wollen Sie Ihr Ziel erreicht haben?

Die Formulierung „Ich möchte ein erfolgreicher Projektleiter werden" ist noch kein Ziel, sondern ein Wunsch. Es bleiben noch zu viele Fragen offen: Wann ist ein Projektleiter erfolgreich? Bis wann soll dieses Ziel erreicht sein? Die Formulierung eines Ziels muss so sein, dass damit die folgende Frage beantwortet werden kann: Was möchten Sie wie und wo bis wann erreichen? Eine konkrete Zielformulierung für den eben genannten Wunsch wäre zum Beispiel: „Ich werde innerhalb des nächsten Jahres Fortbildungslehrgänge zum Projektmanagement besuchen und das Zertifikat des Levels D der International Project Management Association (IPMA) erwerben." Dieses Ziel ist spezifisch, denn Sie werden konkrete Fortbildungsveranstaltungen besuchen. Es ist aktionsorientiert, denn Sie wissen, was Sie tun müssen. Es ist realistisch, wenn Sie Zeit haben, die Lehrgänge zu besuchen, und diese finanziert bekommen oder selbst finanzieren können. Es ist messbar, denn Sie werden das Zertifikat erwerben oder auch nicht. Und es ist terminiert, denn nach einem Jahr wollen Sie Ihr Ziel erreicht haben.

Beispiel

Setzen Sie sich nicht zu viele Ziele. Mit zu vielen Zielen überfordern Sie sich und werden dann vielleicht keines davon erreichen. Formulieren Sie die Ziele für Ihren Berufsstart in einem Dreierrhythmus:

Ziele für den Berufsstart

3-Wochen-Ziel: Mit diesem Ziel setzen Sie sich einen ersten Meilenstein. Das Ziel sollte widerspiegeln, dass Sie erfolgreich im Unternehmen angekommen sind. Sie könnten sich beispielsweise vornehmen, nach drei Wochen die Aufgaben aller

Mitarbeiter im Team zu kennen, die unternehmensspezifischen Tools wie das Mailsystem, den Terminkalender und das Telefonkonferenzsystem zu beherrschen und zu wissen, welche Informationsmedien es im Unternehmen gibt.

3-Monats-Ziel: Anhand der Ziele, die Sie sich für die ersten drei Monate setzen, sollten Sie zeigen, was Sie schon können. Ein Beispiel für ein solches Ziel ist: Sie werden nach drei Monaten den ersten Arbeitsauftrag erfolgreich durchgeführt, mindestens zwei Kollegen bei wichtigen Aufgaben unterstützt und eine kurze Präsentation im Teammeeting gehalten haben.

3-Jahres-Ziel: Das 3-Jahres-Ziel sollte ambitioniert sein, Sie jedoch nicht überfordern. Ein Beispiel für eine solches Ziel könnte sein: Sie wollen in drei Jahren eine attraktive Stelle in einer anderen Abteilung gefunden haben, die Ihnen die Chance bietet, Ihre Kompetenzen um das Themengebiet X zu erweitern.

Ziele für den Berufsstart

Die Hektik des Alltags ist oft dafür verantwortlich, dass man Ziele aus den Augen verliert. Setzen Sie deshalb Zeitpunkte fest, an denen Sie prüfen, wie weit Sie noch von der Zielerreichung entfernt sind. Je kürzer die Zeitspanne ist, in der Sie das Ziel erreichen wollen, desto öfter müssen Sie das Ziel überprüfen. Bei Ihrem 3-Wochen-Ziel sollten Sie zweimal in der Woche prüfen, wo Sie stehen. Beim 3-Jahres-Ziel reicht eine Prüfung pro Quartal. Anhand der folgenden Checkliste können Sie Ihre Ziele überprüfen.

So prüfen Sie, ob Sie Ihr Ziel erreichen werden:

- Welche Teilziele habe ich bereits erreicht?
- Welche Teilziele fehlen mir noch?
- Welche Teilziele kann ich bis zu meiner nächsten Überprüfung erreichen?
- Wo ist die Zielerreichung gefährdet?
- Welche Anstrengungen muss ich unternehmen, um das Ziel dennoch zu erreichen?
- Muss ich mein Ziel aufgrund von neuen Erkenntnissen korrigieren?

Mit jedem Ziel, das Sie erreichen, kommen Sie einen Schritt in Ihrem Berufsweg voran. Wenn Sie einen dicken Haken hinter das Ziel machen können, ist das ein Anlass zum Feiern. Wie Sie Ihre persönlichen Erfolge feiern möchten, überlasse ich Ihnen. Ob Sie nun ein großes Fest veranstalten oder sich mit einem Abendessen oder einem Geschenk belohnen, es ist jedem Fall etwas Besonderes, ein Ziel erreicht zu haben, und Sie dürfen darauf stolz sein.

Arbeit planen

Stress und Hektik entstehen, wenn man plötzlich feststellt, dass man etwas schnell fertig machen muss. Zu solchen Situationen kommt es, wenn sich immer wieder andere Aufgaben dazwischen schieben, sodass die eigentliche Arbeit liegen bleibt. Durch gute Zeitplanung beugen Sie dem vor. Sie verteilen die zu Verfügung stehende Zeit bewusst auf die anstehenden Aufgaben und sparen dadurch Zeit für den Durchführungsprozess. Das zahlt sich aus: Erfahrungen zeigen, dass Sie pro Tag 30 Minuten Zeit sparen können, wenn Sie 5 Minuten für die Zeitplanung aufwenden.

Mithilfe der Zeitplanung konzentrieren Sie sich auf das Wesentliche. Sie entlasten auch Ihr Gedächtnis, denn Sie müssen nicht ständig daran denken, was Sie noch alles erledigen sollen. So können Sie gelassener arbeiten. Mit systematischem Arbeiten gewinnen Sie also Zeit und steigern Ihre Leistungsfähigkeit.

Priorisieren

Stehen Besprechungen, Telefonkonferenzen oder Einzelgespräche und Telefonate an, dann ist ein Teil des Tages oft schon verplant. Ihre Arbeiten verteilen Sie dann auf die noch freie Zeit. Dazu werden diese aufgelistet und priorisiert. Die Priorisierung ist wichtig, um sicherzustellen, dass die wichtigsten Aufgaben erledigt werden. Weniger wichtige Aufgaben werden dann in die nächste Arbeitsperiode verschoben.

Realistisch planen

Oft plant man für eine Tätigkeit zu wenig Zeit ein. Das ist psychologisch erklärbar, denn man ist meist auf den Termin fixiert, an dem die Aufgabe erledigt sein soll, und sich deshalb weniger des Aufwands bewusst, der nötig ist, um die Tätigkeit durchzuführen. Machen Sie sich das klar und achten Sie darauf, die für eine Tätigkeit erforderliche Zeit realistisch abzuschätzen.

Arbeitsblöcke Planen Sie für größere Aufgaben große Zeitblöcke ein, damit Sie diese möglichst an einem Stück erledigen können. Denn erfahrungsgemäß brauchen Sie nach jeder Unterbrechung 20 Minuten, bis Sie sich wieder ganz auf das Thema konzentrieren können. Zudem machen Sie mehr Fehler, wenn Sie die Tätigkeit häufig unterbrechen.

Vor- und Nachbereitung von Besprechungen Planen Sie nicht zu viele Besprechungen, Telefonkonferenzen, Gespräche und Telefonate pro Tag ein. Sie können in diesen nur dann einen guten Beitrag leisten, wenn Sie darauf vorbereitet sind. In Meetings geht beispielsweise oft Zeit verloren, weil ein Teilnehmer die erforderlichen Unterlagen nicht griffbereit hat. Planen Sie auch Zeit für die Nachbereitung ein. Denn meist stehen nach einem Meeting noch Dinge an, die Sie erledigen müssen.

Auch das Bearbeiten von E-Mails, das Lesen von Berichten und das Studieren von Fachliteratur muss in der Tagesplanung berücksichtigt werden. Gerade für diese Tätigkeiten bleibt sonst oft kaum Zeit übrig. Für die Tagesplanung selbst sollten Sie ebenfalls ausreichend Zeit reservieren.

Die Planung sollte nicht nur in Ihrem Kopf, sondern auf dem Papier oder elektronisch mithilfe eines Softwareprogramms stattfinden. Nur so behalten Sie den Überblick über die geplanten Tätigkeiten. Die schriftliche Planung hat noch einen weiteren Vorteil: Sie machen die Planung für sich verbindlicher, sodass es Ihnen leichter fällt, sich daran zu halten.

Das Geheimnis guter Planung ist, dass Sie kontinuierlich und konsequent durchgeführt wird. Bedenken Sie dabei aber, dass viele Ihrer Tätigkeiten auch fremdgesteuert sind. Wenn Sie ständig Aufgaben erhalten, die Sie sofort erledigen müssen, können Sie nur einen kleinen Teil Ihrer Zeit wirklich eigenständig planen.

Zeitpläne Wenn Sie einen eigenständigen Arbeitsbereich haben, in dem Sie einen großen Teil Ihrer Tätigkeiten selbst planen können, dann sollten Sie die folgenden drei Pläne erstellen:

Monatsplan: Mit einem Monatsplan verschaffen Sie sich einen Überblick über den nächsten vier Wochen. Hier reicht es, wenn Sie die Arbeitsschwerpunkte für jede Woche festlegen.

Wochenplan: Im Wochenplan legen Sie fest, worauf Sie sich in der kommenden Woche konzentrieren müssen. Hier dokumentieren Sie die zeitaufwendigen Aufgaben sowie die, welche unbedingt erledigt werden müssen.

Tagesplan: Der Tagesplan legt fest, welche Aufgaben am gerade anstehenden Arbeitstag zu erledigen sind. So konzentrieren Sie sich auf die wichtigen Aufgaben und verhindern, dass Sie sich verzetteln. Am Ende des Tages sehen Sie dann, welche Aufgaben Sie geschafft haben.

Bei der Erstellung Ihrer Tagespläne können Sie die ALPEN-Methode als Hilfsmittel nutzen.

ALPEN-Methode:

Die ALPEN-Methode definiert fünf Schritte, mit denen Sie systematisch zu einem Tagesplan kommen:

Schritt 1: Aufgaben zusammenstellen
Schritt 2: Länge der Tätigkeiten schätzen
Schritt 3: Pufferzeiten reservieren
Schritt 4: Entscheidungen über Kürzungen und Streichungen treffen
Schritt 5: Nachkontrolle und Übertragung der unerledigten Aufgaben

Prüfen Sie in regelmäßigen Abständen, ob Sie Ihre Pläne auch einhalten. Es ist sinnvoll, am Ende jedes Tages eine Tagesrückschau durchzuführen, um zu reflektieren, was Sie an diesem Tag erreicht haben.

So halten Sie eine Rückschau auf Ihren Tag:

- Welche Erkenntnisse habe ich heute gewonnen und welche Erfahrungen habe ich gemacht?
- Was habe ich heute geschafft und geleistet?
- Was war heute meine vorherrschende Gemütslage bzw. Stimmung?
- Womit habe ich anderen geholfen? Wen habe ich womit gefördert oder erfreut?
- In welcher körperlichen Verfassung war ich heute?

Tätigkeiten priorisieren

Wenn Sie mehr Aufgaben haben, als Sie in der zur Verfügung stehenden Zeit erledigen können, müssen Sie Prioritäten setzen. Sie können allerdings nur Tätigkeiten auslassen, bei denen es Ihnen freisteht, zu entscheiden, ob Sie diese erledigen wollen oder nicht. Dazu zählt typischerweise das Studium von Fachliteratur. Bei den Aufgaben, von denen erwartet wird, dass Sie sie erledigen, müssen Sie die Priorisierung gemeinsam mit Ihrer Führungskraft vornehmen. Hier können Sie Vorschläge machen, das letzte Wort hat jedoch Ihr Chef.

Der Vorteil des Priorisierens besteht darin, dass Sie sich ganz auf die wichtigsten und notwendigsten Aufgaben konzentrieren. Alle weiteren Aufgaben, die man gerne mit „nice to have" umschreibt, können dann guten Gewissens vernachlässigt werden. Dadurch verzetteln Sie sich nicht, sondern arbeiten konsequent daran, Ihre Ziele zu erreichen.

Die bekanntesten Methoden für die Priorisierung von Aufgaben sind das Pareto-Prinzip und das Eisenhower-Prinzip.

Pareto-Prinzip bzw. 80-zu-20-Regel — Das Pareto-Prinzip ist nach Vilfredo Pareto (1848–1923) benannt. Er stellte die Regel auf, dass sich 80 % aller Probleme mit einem Mitteleinsatz von 20 % lösen lassen. Dies lässt sich auch auf das Zeitmanagement übertragen.

Pareto-Prinzip:

- 80 % der Ergebnisse werden in 20 % der Gesamtzeit erarbeitet.
- Die verbleibenden 20 % der Ergebnisse benötigen 80 % der Gesamtzeit.
- Konzentrieren Sie sich zunächst auf die wichtigen 80 %, die Sie in nur 20 % der Zeit erledigen können.
- Widmen Sie sich anschließend den zeitaufwendigen Aufgaben, die nur 20 % des Gesamtergebnisses ausmachen.

Der Inhalt einer Präsentation lässt sich sehr schnell in PowerPoint erstellen. Sie benötigen dafür etwa 20 % der Zeit, während die restlichen 80 % gebraucht werden, um die Folien auch optisch schön zu gestalten. Konzentrieren Sie sich deshalb zunächst auf den Inhalt, bevor Sie sich dem Feinschliff widmen. — Beispiel

Das Eisenhower-Prinzip ist nach dem Alliierten-General Dwight D. Eisenhower benannt. Dieser praktizierte es selbst für seine eigene Zeitplanung. Die Aufgaben werden dabei nach den Kriterien Wichtigkeit und Dringlichkeit geordnet. — Eisenhower-Prinzip

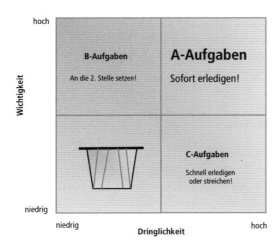

Abbildung 5: Das Eisenhower-Prinzip teilt Aufgaben nach ihrer Dringlichkeit und Wichtigkeit in vier Gruppen ein.

Die Abbildung 5 zeigt, wie sich Aufgaben nach diesen Kriterien einteilen lassen und wie anschließend mit diesen Aufgaben umgegangen werden soll.

Die Dringlichkeit von Aufgaben wird von außen diktiert. Wird eine Aufgabe nicht bis zu einem bestimmten Zeitpunkt erledigt, entsteht ein Schaden im Arbeitsumfeld. Die Wichtigkeit von Aufgaben wird von den gesetzten Zielen abgeleitet. Wichtig ist eine Aufgabe, wenn sie für das Erreichen eines gesetzten Ziels notwendig ist.

Eisenhower-Prinzip:

Teilen Sie Aufgaben anhand der Kriterien Dringlichkeit und Wichtigkeit in vier Gruppen ein:

A-Aufgaben: Diese Aufgaben sind dringend und wichtig. Sie sollten zuerst erledigt werden.
B-Aufgaben: Diese Aufgaben sind wichtig, aber nicht dringend. B-Aufgaben können zu dringenden A-Aufgaben werden, wenn sie zu lange unbearbeitet bleiben. Sie sollten deshalb vor den C-Aufgaben erledigt werden.
C-Aufgaben: Diese Aufgaben sind dringend, aber nicht wichtig. Sie sollten entweder schnell erledigt oder gestrichen werden.
Papierkorb: Aufgaben, die weder dringend noch wichtig sind, sollten aus der Planung gestrichen werden.

Zeitdiebe ermitteln

Der Zeitmanagement-Experte Lothar Seiwert führte die Metapher der „Zeitdiebe" in das Zeitmanagement ein. Er bezeichnet damit Störfaktoren in der täglichen Arbeit, die Zeit kosten, aber nichts zur Arbeitsleistung beitragen. Zeitdiebe bemerkt man nicht. Es sind Gewohnheiten, die sich eingeschlichen haben. Wir neigen dazu, nicht zu überprüfen, ob diese Gewohnheiten sinnvoll sind.

Von Lothar Seiwert stammt die folgende Zusammenstellung der am häufigsten auftretenden Zeitdiebe:

Typische Zeitdiebe

- **Unfähigkeit, „Nein" zu sagen:** Es gilt als unhöflich, eine Bitte eines Kollegen abzuschlagen. Sie sagen dann zu, obwohl Sie eigentlich an Ihrem Thema arbeiten müssten.
- **Keine Ziele:** Sie haben Aufgaben auf dem Tisch liegen, aber kein klares Ziel, das Sie verfolgen. Manche der Tätigkeiten sind zwar sinnvoll, tragen aber nicht zur Erreichung des Ziels bei, das Sie eigentlich verfolgen müssten. Sie können deshalb erst Prioritäten für Ihre Arbeit setzen, wenn Sie Ihre Ziele formuliert haben.
- **Keine Tagesplanung:** Jeder kennt das: Man beginnt morgens mit der ersten Aufgabe, die auf dem Tisch liegt, und stellt abends fest, dass man gar nicht zu den wichtigen Dingen gekommen ist.
- **Telefonische Unterbrechungen:** Anrufe kommen meist unangemeldet. Jeder Anruf unterbricht die Tätigkeit, mit der man gerade beschäftigt ist. Das Anliegen des Anrufers ist dann plötzlich wichtiger als die eigene Arbeit.
- **Ablenkungen:** Das Gespräch mit Kollegen am Arbeitsplatz gehört dazu, denn es fördert Beziehungen und trägt zu einem guten Teamklima bei. Aber manchmal ist ein solches Gespräch fehl am Platz, nämlich dann, wenn Sie sich gerade voll und ganz auf Ihr Thema konzentrieren müssen.
- **Unstrukturierte Besprechungen:** Besprechungen sind notwendig. Effektiv und effizient sind sie aber nur, wenn sie gut vorbereitet und strukturiert durchgeführt werden. Meetings, in denen die Teilnehmer ständig von Hölzchen auf Stöckchen kommen, stehlen nur die Zeit der Teilnehmer.
- **Papierkram:** Wenn sich auf dem Schreibtisch oder im E-Mail-Postfach Anträge für Reisekosten oder Bestellungen von Arbeitsmaterial türmen, führt das letztlich dazu, dass Sie für deren Bearbeitung doppelt so lange brauchen, als wenn Sie diesen Papierkram sofort erledigen. Bleibt dieser lange liegen, müssen Sie sich nämlich erst wieder daran erinnern, worum es eigentlich geht.
- **Unangemeldete Besucher:** Es ist schön, wenn ein Kollege bei Ihnen vorbeischaut und sich mit Ihnen austauschen will – aber nur dann, wenn es in Ihren Terminkalender passt. Der Besucher wird zum Zeitdieb, wenn durch seine Anwesenheit eine wichtige Sache liegenbleibt.

Aufschieben unangenehmer Aufgaben: Zu Ihrem Arbeitsalltag gehören auch einige Tätigkeiten, die Sie nicht gerne machen. Man schiebt diese unangenehmen Aufgaben oft lange vor sich her – bis sie dann plötzlich dringend erledigt werden müssen, obwohl man eigentlich gerade keine Zeit dafür hat.

Überperfektionismus: Gute Arbeit abzuliefern ist wichtig. Aber müssen Sie wirklich, wenn Sie eine Präsentation vorbereiten, bei jeder einzelnen Folie noch am kleinsten Detail herumfeilen? Hier ist weniger oft mehr, denn Sie gewinnen Zeit für andere Aufgaben.

Mangelnde Selbstdisziplin: Sie planen Ihre Tätigkeiten und Ihren Tag, halten sich aber nicht daran, weil Sie Ihren Tag spontan umplanen. Die Zeit, die Sie durch gute Planung sparen wollten, geht so schnell verloren.

Fehlerhafte Kommunikation: Kommunikation funktioniert nicht immer perfekt. Sie können aber proaktiv sein und zur Vermeidung von Missverständnissen beitragen. Denn jedes Missverständnis führt dazu, dass Sie und Ihre Kollegen in die falsche Richtung laufen und am Ende mehr Zeit brauchen, um alles wieder geradezurücken.

Vermutlich werden Sie nicht von all diesen Zeitdieben überfallen oder haben schon den ein oder anderen davon ganz gut im Griff. Zugleich sind in der Liste von Lothar Seiwert vielleicht gar nicht alle Zeitdiebe aufgeführt, mit denen Sie zu kämpfen haben. Halten Sie deshalb nach Ihren persönlichen Zeitdieben Ausschau. Die systematische Analyse der Tätigkeiten, auf die Sie Ihre Zeit verwenden und vielleicht auch verschwenden, gibt Ihnen einen Überblick über den Verbrauch Ihres Zeitbudgets.

Wer oder was sind Ihre Zeitdiebe?

- Mit welchen in der Liste aufgeführten Zeitdieben haben Sie zu kämpfen?
- Welche Zeitdiebe finden sich bei Ihnen außerdem noch?
- Welche Zeitdiebe stehlen Ihnen die meiste Zeit?
- Was könnten Sie konkret verändern, um Ihre größten Zeitdiebe in den Griff zu bekommen?

Die E-Mail-Flut beherrschen

Sie können sich wahrscheinlich nicht mehr an die Zeit erinnern, in der es noch keine E-Mails gab. E-Mails sind in Ihrem Alltag selbstverständlich. Mit E-Mails halten Sie Kontakt zu Ihren Freunden, verabreden sich und tauschen Informationen aus. Auch aus dem Unternehmensalltag ist diese Form der Kommunikation nicht mehr wegzudenken. Durchschnittlich verbringen Mitarbeiter etwa 1,5 Stunden am Tag damit, E-Mails zu bearbeiten, und fast jeder beklagt sich, dass er zu viele E-Mails bekommt.

Im Unternehmensalltag sind E-Mails ein Arbeitsinstrument. Mit ihnen werden Aufträge erteilt und Ergebnisse abgegeben, Informationen angefragt und geliefert und wichtige Nachrichten im Unternehmen verbreitet. Dem E-Mail-Verkehr ist das Rückgrat der Kommunikation im Unternehmen.

Statt jede E-Mail sofort zu beantworten, ist es effizienter, E-Mails am Block abzuarbeiten. Verteilen Sie die Zeitblöcke, in denen Sie E-Mails bearbeiten, über den Tag. Sie können dafür zum Beispiel jeweils 30 Minuten am Vormittag, zur Mittagszeit und vor dem Feierabend einplanen. Achten Sie darauf, dass die Blöcke lange genug sind, um alle E-Mails in dieser Zeit zu bearbeiten. Nur so bleibt Ihr Posteingang aufgeräumt. Andernfalls stauen sich die E-Mails im Posteingang und Sie verlieren den Überblick. Erfahrungsgemäß können Sie Ihre E-Mails nur im Blick behalten, wenn nicht mehr als 50 im Posteingang sind. *E-Mails in Blöcken abarbeiten*

Bearbeiten Sie Ihre E-Mails systematisch. Dabei können Sie das von Lothar Seiwert entwickelte AHA-System nutzen. AHA steht für Abfall, Handeln und Ablage: *AHA-System*

Abfall: Sie müssen nicht jede E-Mail bearbeiten, einige können Sie sofort löschen, zum Beispiel unangeforderte Newsletter oder E-Mails, die Ihnen als Kopie zugesandt werden.
Handeln: Ist die Bearbeitung einer E-Mail dringend, müssen Sie handeln, egal wie lange die Bearbeitung dauert. Braucht Ihr Chef beispielsweise sofort eine Information, sollten Sie reagieren. Aber auch um E-Mails, deren Bearbeitung nicht so drin-

gend ist, sollten Sie sich im nächsten E-Mail-Block kümmern, wenn Sie die E-Mail innerhalb von 5 Minuten bearbeiten können. Ansonsten sammeln sich diese E-Mails im Posteingang und verursachen zu einem späteren Zeitpunkt mehr Aufwand.

Ablage: Wenn Sie für die Bearbeitung einer E-Mail mehr Zeit brauchen, sollten Sie dies nicht im E-Mail-Zeitblock erledigen. Sie haben sonst nicht genug Zeit für Ihre anderen E-Mails. Nutzen Sie stattdessen ein nach dem Eisenhower-Prinzip aufgebautes Ablagesystem, damit keine wichtige E-Mails im Posteingang bleiben.

E-Mails, deren Bearbeitung länger dauert, weil Sie damit einen Arbeitsauftrag erhalten haben oder Informationen erst recherchieren müssen, sollten Sie in eine Aufgabe umwandeln. E-Mail-Systeme wie Outlook bieten dafür spezielle Funktionen, die es auch ermöglichen, die Aufgaben zu terminieren.

Manche E-Mails können nur bearbeitet werden, wenn Sie dazu mit einem Kollegen sprechen oder sogar eine Besprechung oder Telefonkonferenz durchführen. Setzen Sie dazu sofort einen Termin an und ordnen Sie die E-Mail der Terminanfrage zu, damit Sie die Informationen bei der Vorbereitung zur Hand haben.

Ablage Bei anderen E-Mails müssen Sie zwar nichts tun, doch sie enthalten Informationen, die Sie später benötigen. Legen Sie diese E-Mails so ab, dass Sie sie wiederfinden. Dazu benötigen Sie eine sinnvolle Ordnerstruktur, die sich beispielsweise an den von Ihnen bearbeiteten Themen orientiert. Sie können die E-Mails auch anhand der Absender ablegen, was dann sinnvoll ist, wenn Sie immer wieder auf E-Mails von bestimmten Absendern zurückgreifen müssen. Achten Sie auch darauf, den Empfängern Ihrer E-Mails die Ablage zu erleichtern, indem Sie für jedes Thema eine eigene E-Mail schreiben.

Betreffzeile Formulieren Sie für Ihre E-Mails einen Betreff, der es dem Empfänger ermöglicht, den Inhalt der E-Mail sofort einzuordnen. Durch Kürzel wie INF für Information, ACT für Action (tätig werden) oder DEC für Decision (Entscheidung) machen Sie deutlich, was Sie vom Empfänger erwarten. Manchmal reicht die Betreffzeile für

Ihre Nachricht sogar aus. Machen Sie dann durch /// oder EOM (End of Mail) deutlich, dass der Empfänger die E-Mail nicht öffnen muss.

Nutzen Sie die Abwesenheitsfunktion, um anzugeben, wann Sie die E-Mails bearbeiten werden. Dann weiß der Absender, wann er mit einer Antwort rechnen kann. Erstellen Sie außerdem eine Signatur, die Ihre Kontaktdaten und weitere wichtige Informationen über Sie enthält, damit der Empfänger diese immer sofort parat hat.

Abwesenheitsfunktion und Signatur

Sie selbst können viel dazu beitragen, dass Ihre Kollegen so wenig Zeit wie möglich für die Bearbeitung von E-Mails aufwenden müssen. Denn E-Mails können zu Zeitdieben werden, wenn sie ausschweifend, unklar oder lückenhaft sind. Versetzen Sie sich deshalb in die Lage des Empfängers und formulieren Sie Ihre Nachricht so, dass sie verständlich ist und schnell klar macht, was Sie vom Empfänger erwarten. Stellen Sie sich dazu folgende Fragen:

Ist die Nachricht für den Empfänger relevant? Die Liste der Empfänger sollte so lang wie nötig, aber so kurz wie möglich sein. Schicken Sie Ihre E-Mails nur an diejenigen, die Sie wirklich benötigen.

Welche Reaktion erwarten Sie vom Empfänger? Kennzeichnen Sie die E-Mail schon in der Betreffzeile mit einem Zusatz, der dem Empfänger signalisiert, ob Sie ihm eine Information schicken, eine Frage stellen oder eine Bearbeitung wünschen.

Was ist dem Empfänger klar und was nicht? Liefern Sie alle Informationen mit, die der Empfänger benötigt, um die E-Mail bearbeiten zu können.

Welchen Stil bevorzugt der Empfänger? Mit einer E-Mail stellen Sie auch eine Beziehung zum Empfänger her. Versuchen Sie daher, sich auf seine Vorlieben einzustellen, indem Sie zum Beispiel je nach Empfänger entweder ausführliche oder sehr knappe Nachrichten schreiben.

Welches E-Mail-Format kann der Empfänger lesen? Bei internen E-Mails müssen Sie sich darüber keine Gedanken machen, denn jeder im Haus nutzt die gleiche Technik. Bei Empfängern außerhalb des Unternehmens sollten Sie jedoch sicherstellen, dass das von Ihnen genutzte Format gelesen werden kann.

So bekommen Sie die E-Mail-Flut in den Griff:

- Lassen Sie sich nicht ablenken. Nicht jede Mail muss sofort beantwortet werden.
- Senden Sie E-Mails nur an diejenigen, die diese Nachricht wirklich benötigen.
- Geben Sie dem Empfänger schon in der Betreffzeile Hinweise, die es ihm leicht machen, Ihre E-Mail einzuordnen.
- Entwickeln Sie für sich ein System zum Abarbeiten der E-Mails, das sicherstellt, dass Sie alle E-Mails bearbeiten und wichtige Informationen schnell wiederfinden.
- Sorgen Sie dafür, dass nie mehr als 50 E-Mails in Ihrem Posteingang liegen.

Tipps für Ihren Erfolg

Nutzen Sie die Techniken des Zeitmanagements, um die Ihnen zur Verfügung stehende Zeit optimal zu nutzen.

Setzen Sie sich Ziele, an denen Sie Ihre Zeitplanung ausrichten können. So können Sie Prioritäten für Ihre Arbeit setzen.

Planen Sie Ihren Arbeitstag, um sicherzustellen, dass Sie alle an diesem Tag wichtigen Dinge erledigen.

Durch eine Priorisierung finden Sie heraus, welche Aufgaben wirklich wichtig sind. Techniken wie das Pareto-Prinzip und das Eisenhower-Prinzip helfen Ihnen dabei.

Ermitteln Sie Ihre Zeitdiebe, die Störer in Ihrem Arbeitsalltag. Versuchen Sie, diese in den Griff zu bekommen, um Zeit für Ihre Aufgaben zu gewinnen.

Lassen Sie sich durch E-Mails nicht bei Ihrer Arbeit unterbrechen, sondern arbeiten diese systematisch ab und behalten so Ihren E-Mail-Verkehr im Blick.

Arbeitstechniken:
Besser und schneller arbeiten

Jeder möchte seine Arbeit mit so wenig Aufwand wie möglich erledigen, also effizient arbeiten. Fast jeder geht auch davon aus, dass ihm dies bereits gelingt. Wenn Sie jedoch Ihre Kollegen beobachten, stellen Sie vielleicht fest, dass diesen manche Dinge schneller von der Hand gehen. Sie sehen Berichte schneller durch, finden schneller Lösungen und erstellen in kurzer Zeit strukturierte Konzepte. Meist liegt das nicht etwa daran, dass Ihre Kollegen intelligenter sind, sondern dass sie Arbeitstechniken einsetzen. Die richtigen Techniken erleichtern die Arbeit, und das fast unabhängig vom Beruf und der Tätigkeit.

In diesem Kapitel erhalten Sie Antworten auf die folgenden Fragen:

- Was sind Arbeitstechniken?
- Wie lese ich meine Post möglichst schnell?
- Wie recherchiere ich Informationen?
- Wie kann ich meine Informationen organisieren?
- Wie beschreibe ich Probleme und finde Lösungen?
- Wie fälle ich Entscheidungen?

Der Nutzen von Arbeitstechniken

Haben Sie schon mal einen Fernsehkoch bewundert, der eine Mohrrübe mühelos und in Sekundenschnelle ich dünne Scheiben schneidet? Kochen Sie selbst, kommt es Ihnen dagegen vielleicht wie eine Ewigkeit vor, wenn Sie von einer Mohrrübe Scheibe für Scheibe abschneiden. Die Technik macht hier den Unterschied: Der Profi bewegt das Messer nur von oben nach unten und schiebt die Mohrrübe wie durch eine Guillotine. So kann er die Arbeitsbewegungen viel schneller ausführen.

So wie die richtige Arbeitstechnik das Kochen beschleunigt, so erleichtern Arbeitstechniken im Büro das Recherchieren, Ordnen und Gewichten von Informationen, das Finden von Lösungen und das Strukturieren von Konzepten. Arbeitstechniken wurden erfunden, um Arbeitsvorgänge zu rationalisieren. Mit Arbeitstechniken nutzen Sie die Erfahrungen vergangener Generationen, die für immer wiederkehrende Arbeiten effiziente Lösungen gefunden haben.

Arbeitstechniken sind Hilfsmittel, um immer wiederkehrende Aufgaben effizient zu erledigen.

Neben allgemeinen Arbeitstechniken, die in fast jedem Fachgebiet eingesetzt werden, gibt es in jedem Fachgebiet noch spezielle Arbeitstechniken. Die in Ihrem Beruf üblichen Techniken haben Sie sich vermutlich größtenteils schon in Ihrer Ausbildung angeeignet. Deshalb beschränke ich mich hier nur auf die wichtigsten allgemeinen Arbeitstechniken, die heutzutage in den meisten Büros, unabhängig von der konkreten Tätigkeit, zum Einsatz kommen.

Rationell lesen

Einen Großteil des Tages verbringen Sie mit Lesen. Denn die Informationsflut, die täglich auf Sie einströmt, ist fast unendlich. Vieles davon ist völlig irrelevant für Ihre Tätigkeit, andere Informationen müssen Sie lediglich zur Kenntnis nehmen und dann gibt es noch solche, die Sie für Ihre Tätigkeit unbedingt berücksichtigen müssen. Durch rationelles Lesen können Sie schnell die für Sie wichtigen Inhalte herausfiltern. Die meisten Texte werden Sie am Bildschirm lesen: am PC, auf einem Tablet-Computer oder Notebook oder sogar dem Handy oder mithilfe eines E-Book-Readers. Doch ganz unabhängig vom Medium gilt für alle Texte, dass die darin enthaltenen Informationen gelesen, sortiert und gewichtet werden müssen. Rationelles Lesen beginnt allerdings bereits vorher: Schon vor der Lektüre sollten Sie die relevanten Texte herausfiltern.

So finden Sie heraus, welche Texte für Sie relevant sind:

- Was muss ich alles lesen?
- Was soll ich alles lesen?

- Was will ich alles lesen?
- Wozu benötige ich die Informationen später?
- Was kann ich zu einem späteren Zeitpunkt lesen?
- Was brauche ich überhaupt nicht zu lesen?

Es gibt prinzipiell zwei Arten, einen Text zu lesen: Mit dem sogenannten orientierenden Lesen finden Sie heraus, was Sie überhaupt lesen sollten. Dazu wird der Text überfolgen, um die wichtigen Stellen zu finden. Dort kommt dann das studierende Lesen zum Einsatz: Auf diese Weise wird der Text erfasst, um das Wesentliche herauszufinden und den Text auszuwerten. Diese Form des Lesens sollten Sie nur dann anwenden, wenn Sie den Inhalt gut kennen und damit weiterarbeiten müssen.

Orientierendes und studierendes Lesen

Wenn Sie die folgenden Tipps beachten, werden Sie Texte schneller erfassen und lesen können:

Tipps für das effiziente Lesen

- **Erst im Text orientieren:** Zur Orientierung über den Inhalt dienen Titel, Untertitel, das Inhaltsverzeichnis, Klappentexte, Vorbemerkungen, Einleitungen und Zusammenfassungen. Diese sollten zuerst gelesen werden, um einen Eindruck vom Inhalt des Textes zu bekommen.
- **Wichtiges von Unwichtigem trennen:** Lesen Sie selektiv, indem Sie sich die folgenden Fragen stellen: Welche Informationen müssen sofort erfasst werden und welche brauchen Sie erst später? Welche Stellen müssen oder sollen intensiv gelesen werden? Welche können Sie überfliegen? Es ist oft nicht notwendig, einen ganzen Aufsatz oder ein ganzes Buch zu lesen. Leit- und Schlusssätze sowie Schlüsselwörter helfen bei der Orientierung.
- **Nicht alles lesen:** Randbemerkungen, Beweisführungen, Anmerkungen und Statistiken können meist übergangen werden. Dies gilt auch für ausschweifende Ausführungen des Autors und Fußnoten.
- **Botschaften herausfinden:** Wichtig ist, die zentralen Gedankengänge herauszufiltern und die Botschaften zu verstehen, die der Text vermitteln soll. Dazu müssen Sie nicht unbedingt jeden einzelnen Satz lesen.

Struktur des Textes nutzen: Wegweiser wie Überschriften, Unterstreichungen, Einrückungen und Fettgedrucktes helfen Ihnen beim effizienten Lesen.

Nachbearbeitung vorbereiten: Nach dem Lesen sollten wichtige Texte nachbearbeitet werden. Markieren Sie dazu relevante Textstellen. Auf Papier bietet sich dazu ein Textmarker an, E-Book-Reader haben dafür eine spezielle Funktion. Auch Textverarbeitungsprogramme bieten die Möglichkeit, Stellen farblich zu markieren, Kommentare zu ergänzen und Textauszüge zu erstellen.

Lesegeschwindigkeit steigern

Noch mehr Zeit gewinnen Sie beim Lesen, wenn Sie Ihre Lesegeschwindigkeit steigern. Dafür wurden Methoden entwickelt, wie zum Beispiel das Speed Reading von Tony Buzan oder das Visual Reading von Christian Grüning.

Informationen recherchieren

Sie wissen viel, und dennoch fehlen immer wieder Informationen, die Sie benötigen, um ein Konzept zu erstellen, etwas zu entwickeln oder ein Projekt zu planen. Die Recherche kann viel Zeit kosten. Eine effektive Recherche beginnt damit, sich Klarheit über die zur Verfügung stehenden Quellen zu verschaffen. Denn zwei Fehler treten beim Recherchieren immer wieder auf: Zum einen besteht die Gefahr, sich nur auf die im Unternehmen vorhandenen Informationen zu konzentrieren, sodass wichtige externe Quellen nicht ausgeschöpft werden – hier droht Betriebsblindheit. Zum anderen kann es aber auch sein, dass zu viel Aufwand in die Recherche mit externen Quellen investiert wird, obwohl Kollegen die Sachverhalte bereits recherchiert haben.

Rechercheliste

Jede gezielte Recherche beginnt mit einer Rechercheliste. Dies ist eine Liste der Themen und Sachverhalte, die recherchiert werden sollen, einschließlich der Quellen, die man berücksichtigen möchte. Ihnen steht meist eine Vielzahl von Quellen zur Verfügung. Welche Sie nutzen, hängt vom Thema ab, das Sie bearbeiten. Geht es um eine rein unternehmensinterne Fragestellung, dann recherchieren Sie im Intranet, in Berichten, Protokollen und befragen Experten im Unternehmen. Bearbeiten Sie ein Thema, das neu für das Unternehmen ist oder bei dem Vergleiche mit anderen Unternehmen angestellt werden sollen, dann beziehen Sie externe Quellen ein. Die erste Anlaufstelle ist hier das Internet.

Internetrecherche

Das Internet bietet eine Fülle an Informationen. Es gibt fast nichts, was Sie dort nicht finden können. Die Qualität der Informationen reicht jedoch von sehr gut aufbereiteten und recherchierten Inhalten auf professionellen Internetseiten von Unternehmen oder staatlichen Einrichtungen bis hin zu zweifelhaftem Material auf privaten Seiten, die vielleicht mit viel Begeisterung erstellt, dann aber vernachlässigt wurden. Eine wichtige Informationsquelle ist Wikipedia, die dank der freiwilligen Mitarbeit vieler User mittlerweile weitgehend zuverlässige Informationen und sehr nützliche weiterführende Links und Literaturhinweise liefert.

Qualität der Informationen

Welche Treffer Sie bei der Recherche mit einer Suchmaschine erhalten, hängt von deren Suchalgorithmen und den Informationen ab, die eine Website der Suchmaschine liefert. Ausschlaggebend sind der Name der Seite, ihre Beschreibung, die mitgelieferten Schlagworte und die Links, welche die Seite enthält. Die Reihenfolge der Treffer spiegelt also nicht unbedingt die Relevanz der Seite für das Thema, die Qualität der Informationen und deren Aktualität wider. Zusätzliche Verwirrung können sogenannte gesponserte Links schaffen, die gezielt Schlagworte einsetzen, um Suchende auf Werbeseiten zu locken, die für das Thema eigentlich irrelevant sind.

So prüfen Sie die Qualität einer Internetquelle:

- Ist die Seite aktuell? Prüfen Sie, ob die Links der Seite funktionieren und ob die genannten Quellen aktuell sind.
- Ist der Ersteller der Seite glaubwürdig? Sehen Sie im Impressum nach, wer der Ersteller der Seite ist und ob er Expertise zum Thema besitzt.
- Ist der Betreiber neutral? Webseiten von Universitäten oder Forschungsinstituten haben einen höheren Informationswert als die Webseite eines Unternehmens mit kommerziellem Interesse oder die einer Privatperson.
- Ist die Seite frei von Werbung? Finanziert sich eine Seite über Werbeeinnahmen, dann dienen die Informationen dazu, die Klickrate zu erhöhen und sind meist an den Werbeträgern ausgerichtet.

- Ist die Seite professionell gestaltet? Wirkt eine Seite durch Fehler, schlechte Grafiken oder eine undurchdachte Struktur unprofessionell, ist dies ein Indiz dafür, dass auch die Inhalte keine hohe Qualität haben.

Liefert Ihre Suchanfrage zu viele Treffer, dann schränken Sie den Suchbergriff ein oder wählen andere Schlagworte. Nutzen Sie auch die Möglichkeit, das Format der Seite in die Suche miteinzubeziehen. So liefert beispielsweise die Suche nach Texten im PDF-Format oft qualitativ gut aufbereitete Texte aus dem wissenschaftlichen Umfeld.

Suchmaschinen

Google ist meist die erste Anlaufstelle bei der Internetrecherche, doch nicht immer ist diese Suchmaschine die beste Wahl. Wenn Sie über Google nicht die benötigten Informationen erhalten, bieten sich z. B. www.altheweb.com oder www.altavista.com als Alternativen an. Es gibt auch sogenannte Metasuchmaschinen, die andere Suchmaschinen durchsuchen. Beispiele dafür sind: www.metacrawler.com oder www.search.com.

Weitere Internetquellen

Für Ihre Recherche können Sie auch Datenbanken wie beispielsweise www.nexis.com oder www.genios.de nutzen. Weitere Quellen im Internet sind die Seiten von Fachzeitschriften. Oft sind dort die Artikel online zugänglich, zum Teil auch kostenfrei. Seiten wie www.mwonline.de stellen die Zusammenfassungen von Zeitschriftenartikeln bereit, und auf www.getabstract.com finden Sie Zusammenfassungen der wichtigsten Wirtschaftsliteratur. Diese Quellen bieten Ihnen die Möglichkeit, sich einen Überblick über die Fachliteratur zu verschaffen, um dann zu entscheiden, welche Aufsätze und Bücher zum Thema Sie lesen sollten. Weitere Hinweise und Tipps für die Recherche im Internet finden Sie auch unter www.recherchefibel.de und www.werle.com/intagent.

Noch ein Tipp: Lassen Sie sich bei der Internetrecherche nicht durch zufällig gefundene Seiten ablenken, die zwar für Sie interessant sind, aber mit dem zu bearbeitenden Thema nichts zu tun haben.

Nach Fachliteratur können Sie in den Katalogen der Bibliotheken suchen. Auch das geht online. Ein Verzeichnis aller deutschsprachigen Bücher hat die Deutsche Nationalbibliothek (www.dnb.de).

Bibliotheken

Eine weitere Recherchequelle ist Ihr Netzwerk. Fragen Sie Kollegen oder Experten aus dem Unternehmen, welche Quellen diese kennen. Hier erhalten Sie oft auch Informationen, die über die offiziellen Wege nur schwer zugänglich sind. Insbesondere wenn Sie Informationen zur Unternehmensgeschichte benötigen, sollten Sie ältere Experten fragen. Diese wissen nicht nur, wie sich einzelne Themen entwickelt haben, sondern auch, welche Personen daran beteiligt waren.

Das eigene Netzwerk

Sie müssen Recherchen nicht immer selbst erledigen. Gegen Bezahlung suchen Ihnen Recherchedienste Informationen aus den verfügbaren Quellen. Dabei können Recherchedienste auch auf Quellen zugreifen, die nicht allgemein zugänglich sind.

Recherchedienste

Informationen organisieren

Schnell nimmt die Zahl der Dokumente zu, die Sie in Papierform oder als Datei aufheben wollen oder müssen. Die Zeit, die Sie verwenden, um Dokumente systematisch abzulegen, zahlt sich aus, da Sie diese dann wesentlich schneller wiederfinden.

Für Dokumente, auf die alle Teammitglieder zugreifen müssen, gibt es meistens eine zentrale Ablage, sei es ein Büroschrank oder ein Laufwerk, auf dem Dateien gespeichert sind. Legen Sie so viel wie möglich in diesen zentralen Ablagen ab. Das entlastet Ihre persönliche Ablage und hilft den Kollegen, wichtige Dokumente und Dateien zu finden, auch dann, wenn Sie nicht im Büro sind.

Für alle anderen Dokumente und Dateien entwickeln Sie für sich ein eigenes Ablagesystem. Das Ablagesystem sollte eine einfache und klare Struktur haben und möglichst hierarchisch aufgebaut sein. Als Faustregel gilt, dass es nicht mehr als neun Elemente pro Ebene geben sollte, da man diese Zahl noch überblicken kann. Sortieren Sie Ihre Ablage am besten anhand Ihrer Themen und Tätigkeitsbereiche, wobei Sie möglichst für jedes Thema die gleiche

Struktur wählen, zum Beispiel: Protokolle, Präsentationen, Ergebnisse, Material, Archiv. In einem Archivordner sollten alle Dokumente abgelegt werden, die Sie nicht mehr benötigen. So bleibt die Zahl der Dokumente in den anderen Ordnern überschaubar.

Der Desktop Ihres Computers ist Ihr virtueller Schreibtisch. Dort sollten nur die Dokumente abgelegt sein, die Sie am Tag benötigen. Räumen Sie am Abend sowohl Ihren Schreibtisch als auch Ihren Desktop auf. Die Zeit dafür, etwa eine Viertelstunde pro Tag, sollten Sie einplanen.

Schon bei der Ablage von Dokumenten und Dateien sollten Sie daran denken, dass Sie diese später wiederfinden müssen. Einzelne Blätter oder Hefte legen Sie am besten in eine Mappe, die Sie aussagekräftig beschriften. Auch für Dateien sollten Sie aussagekräftige Namen wählen, die auf Anhieb klar machen, um welches Dokument es sich handelt. Bei Dateien, von denen oft neue Versionen erstellt werden, sollten Sie das Datum in den Dateinamen schreiben.

Vertrauliche Dokumente

Die Ablage von Dokumenten hat in der Arbeitswelt auch einen Sicherheitsaspekt. Denn nicht jedes Dokument ist für jeden bestimmt. Dokumente haben verschiedene Vertraulichkeitsstufen, die auch schon auf dem Dokument vermerkt sein sollten. Streng vertrauliche Dokumente und solche mit personenbezogenen Daten müssen verschlossen aufbewahrt werden. Vertrauliche Dateien sollten mit einem Passwort geschützt sein. Jedes Unternehmen hat hierfür seine eigenen Sicherheitsstandards. Machen Sie sich mit diesen vertraut, denn eine Verletzung dieser Standards kann arbeitsrechtliche Konsequenzen haben.

So organisieren Sie Ihre Dokumente:

- Legen Sie möglichst viele Dokumente und Dateien in der zentralen Ablage der Abteilung ab.
- Entwickeln Sie ein eigenes Ablagesystem.
- Legen Sie alle Dokumente nach dem gleichen System ab.
- Vergeben Sie Dateinamen systematisch.

- Legen Sie Dokumente in beschriftete Mappen.
- Legen Sie nur Dokumente auf den Schreibtisch, die Sie im Augenblick benötigen, und nur Dateien auf den Desktop, die Sie aktuell verwenden.
- Halten Sie vertrauliche Dateien unter Verschluss, vor allem, wenn diese persönliche Daten enthalten.

Probleme beschreiben und Lösungen finden

Probleme zeigen sich durch Symptome: Kunden oder Kollegen beschweren sich oder es geht etwas schief. Wenn Sie solche Symptome in Ihrem Arbeitsbereich oder bei der Durchführung Ihrer Tätigkeit bemerken, dann sollten Sie diesen auf den Grund gehen, besonders dann, wenn erste spontane Lösungsversuche scheitern. Dazu können Sie die im Folgenden beschriebenen Techniken anwenden.

Probleme können nur dann gelöst werden, wenn sie eindeutig erkannt und beschrieben sind. Oft wird vorschnell etwas zu einem Problem erklärt, was eigentlich nur die Folge eines ganz anderen Problems ist. Die Zeit, die Sie in die Problembeschreibung investieren, verkürzt oft die Suche nach der Lösung.

Problembeschreibung

Problem eingrenzen:

Die folgenden Fragen helfen, ein Problem einzugrenzen und eindeutig zu beschreiben:

- Welche Informationen, Daten und Fakten liegen vor?
- Welche Aufgaben, Prozesse, Methoden oder Organisationsstrukturen sind vom Problem betroffen?
- Welche Meinungen gibt es zu dem Problem?
- Was betrachten die Beteiligten als das Problem und als die Voraussetzung für eine Lösung?
- Welche Lösungsansätze gibt es?
- Welche Lösungsansätze wurden schon ohne Erfolg angewendet?
- Auf welche Ursachen lässt sich das Problem zurückführen?
- Welche Auswirkungen hat das Problem?

- Was muss verändert werden, damit das Problem nicht mehr besteht?
- Wie schnell muss das Problem gelöst werden?
- Wie lässt sich das Problem eindeutig in einem Satz beschreiben?

Kreativitätstechniken Wer nach der Lösung für ein Problem oder auch nach einer Idee für ein Produkt oder Produktmerkmal sucht, bleibt oft in den eingefahrenen Denkstrukturen gefangen. Für solche Situationen gibt es sogenannte Kreativitätstechniken. Die meisten von ihnen zielen darauf ab, möglichst viele Ideen zu entwickeln – auch wenn diese auf den ersten Blick unsinnig erscheinen. Dabei kommt es nicht darauf an, auf Anhieb die zündende Idee zu finden. Die mit Kreativitätstechniken entwickelten Ideen sind in den meisten Fällen noch nicht sehr konkret. Bei der Ausarbeitung und Konkretisierung der Ideen stellt sich dann oft heraus, dass diese nicht realisiert werden können. Aber in vielen Fällen ergeben sich so Ansätze für neue Lösungswege, die zur umsetzbaren Idee führen.

Brainstorming Die Methode des Brainstormings wurde von Alex F. Osborn 1939 erfunden. Es ist eine Methode, die in einer Gruppe von fünf bis sieben Personen durchgeführt wird. Die Teilnehmer werden aufgefordert, zu einer definierten Aufgabenstellung in freier Assoziation Ideen und Lösungen zu entwickeln. Die Ideen werden von den Teilnehmern mündlich geäußert. Dadurch sollen sie sich gegenseitig zu neuen Ideen und Assoziationen anregen.

Brainstorming:

1. Schreiben Sie die Brainstorming-Regeln auf ein Flipchart:
   - Assoziieren und fantasieren ist erwünscht.
   - Je mehr Ideen geäußert werden, desto besser.
   - Während der Ideensammlung darf keine Kritik an den Ideen geäußert werden.
   - Diskussionen über die Ideen und Lösungsvorschläge finden nicht statt.
2. Schreiben Sie die Fragestellung auf ein weiteres Flipchart.
3. Erläutern Sie den Teilnehmern die Regeln und fordern Sie sie auf, ihre Ideen zur Fragestellung zu äußern.

4. Protokollieren Sie die Ideen, die man Ihnen zuruft, auf einem Flipchart, damit die Teilnehmer diese im Blick haben.
5. Achten Sie darauf, dass die Teilnehmer die Regeln einhalten.
6. Werten Sie die Ideen mit den Teilnehmern aus, indem Sie gleichartige Ideen zusammenfassen. Danach gewichten Sie mit den Teilnehmer die Ideen, um herauszufinden, welche die größten Chancen auf eine Umsetzung haben.
7. Ideen mit den größten Umsetzungschancen werden dann weiter ausgearbeitet.

1968 entwickelte der Marketing- und Unternehmensberater Bernd Rohrbach eine Methode, mit der 6 Teilnehmer 3 Ideen in jeweils 5 Minuten entwickeln sollen. Daher auch der Name. Mit dieser Methode entstehen innerhalb von 30 Minuten 108 Ideen.

Methode 635

Methode 635:

1. Verteilen Sie an 6 Teilnehmer jeweils 1 Blatt, das in 3 Spalten und 6 Zeilen geteilt ist, sodass 18 Kästchen entstehen.
2. Teilen Sie den Teilnehmern die Fragestellung mit. Bitten Sie die Teilnehmer in 5 Minuten 3 Ideen zur Fragestellung zu notieren.
3. Nach 5 Minuten bitten Sie die Teilnehmer, ihr Blatt an den Nachbarn weiterzugeben. Auch dieser soll dann 3 weitere Ideen innerhalb von 5 Minuten aufschreiben.
4. Dies wird solange fortgesetzt, bis die Teilnehmer jedes Feld auf jedem Blatt mit Ideen gefüllt haben.

Unter den 108 Ideen, die auf diesem Weg gefunden werden, sind einige doppelt oder dreifach vorhanden. Dennoch entsteht eine große Ideenvielfalt. Die Besonderheit dieser Methode besteht darin, dass die Teilnehmer durch die Ideen der anderen angeregt werden, und so wieder neue Ideen entwickeln.

Informationen, Produkte und Lösungen bewerten

Sie haben verschiedene Lösungsansätze gefunden und wollen jetzt herausfinden, welcher Weg der richtige ist, oder Ihnen liegen verschiedene Produktideen vor, aus denen Sie die beste auswählen möchten. Es kann auch sein, dass Sie sich zwischen den Angeboten verschiedener Anbieter entscheiden müssen. Immer wieder werden Sie in derartige Situationen kommen, in denen Sie Informationen bewerten, eine Auswahl treffen oder Entscheidungen vorbereiten müssen. Für die Auswahl und Gewichtung der Alternativen stehen Ihnen verschiedene Arbeitstechniken zur Verfügung.

Portfolio   Als Portfolio wird eine Sammlung von Objekten eines bestimmten Typs bezeichnet. Bei der Portfolio genannten Arbeitstechnik geht es darum, die zur Auswahl stehenden Möglichkeiten anhand von zwei Dimensionen zu ordnen, um sie zu bewerten.

Beispiel   *Es gibt vier verschiedene Möglichkeiten, eine Dienstreise nach Berlin zu organisieren: Sie fahren mit dem eigenen PKW, mit einem Mietwagen, nehmen den Zug oder das Flugzeug. Diese Alternativen können Sie mithilfe der Dimensionen „Geschwindigkeit" und „Kosten" bewerten. Abbildung 6 zeigt die Portfoliodarstellung für dieses Beispiel.*

Portfolio:

1. Zeichnen Sie die Portfoliomatrix auf ein Blatt.
2. Wählen sie die beiden Dimensionen aus, anhand derer die Optionen gewichtet werden sollen.
3. Teilen Sie die Portfoliomatrix in vier Felder ein, in die Sie dann die Alternativen eintragen. Dabei gilt:
   Feld 1: Diese Optionen haben in beiden Dimensionen eine niedrige Wertung. Sie sind deshalb keine gute Wahl.
   Feld 2: Diese Optionen haben eine hohe Wertung in Dimension 1 und eine niedrige in Dimension 2.
   Feld 3: Diese Optionen haben eine hohe Wertung in Dimension 2 und eine niedrige in Dimension 1.
   Feld 4: Diese Optionen haben in beiden Dimensionen eine hohe Wertung. Wenn es solche Optionen gibt, sind sie die beste Wahl.

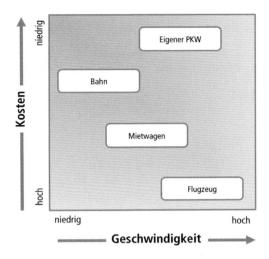

Abbildung 6: Ein Portfolio gewichtet Informationen anhand von zwei Dimensionen.

Die Nutzwertanalyse macht den Einfluss von Entscheidungskriterien für eine Entscheidung deutlich. Sie wurde Mitte der 1970er-Jahre von Christof Zangemeister und Arnim Bechmann eingeführt.

Nutzwertanalyse

Abbildung 7 auf der folgenden Seite zeigt eine Nutzwertanalyse der alternativen Verkehrsmittel für eine Reise nach Berlin. Für die Auswahl sind die folgenden Kriterien wichtig: Pünktlichkeit, Kosten, Reisezeit und Bequemlichkeit.

Beispiel

Nutzwertanalyse

Bewertungskriterien	Gewichtung	Flugzeug		Bahn		Mietwagen		Eigener PKW	
		Punkte	Bewertung	Punkte	Bewertung	Punkte	Bewertung	Punkte	Bewertung
Reisezeit	0,5	9	4,5	5	2,5	5	2,5	8	4,0
Kosten	0,2	1	0,2	5	1,0	3	0,6	8	1,6
Pünktlichkeit	0,2	7	1,4	3	0,6	5	1,0	5	1,0
Bequemlichkeit	0,1	5	0,5	5	0,5	7	0,7	10	1,0
Summe			6,6		4,6		4,8		7,6

Abbildung 7: Die Nutzwertanalyse zeigt, welchen Einfluss die Entscheidungskriterien haben.

Nutzwertanalyse:

1. Legen Sie die Kriterien fest, anhand derer Sie die Handlungsalternativen vergleichen wollen.
2. Entscheiden Sie, in welchem Maße die einzelnen Kriterien die Entscheidung beeinflussen sollen.
3. Vergeben Sie für jede Alternative bei jedem Kriterium eine Punktzahl.
4. Multiplizieren Sie die Punktzahl mit der Gewichtung, um bei jeder Alternative für jedes Kriterium eine Bewertung zu erhalten.
5. Addieren Sie alle Bewertungen pro Alternative. Die beste Alternative ist diejenige mit der höchsten Punktzahl.

In unserem Beispiel ist der eigene PKW die beste Alternative. Der Vorteil der Nutzwertanalyse besteht darin, dass sie transparent macht, welchen Einfluss die Kriterien auf die Entscheidung haben.

Hilfen für die Zusammenarbeit

Es gibt kaum noch eine Tätigkeit, bei der Sie nicht mit anderen zusammenarbeiten müssen. Sie müssen sich dann mit Ihren Kollegen abstimmen. Eine übliche Form, Tätigkeiten zu koordinieren, be-

Protokoll					
Thema:					
Datum:					
Ort:					
Teilnehmer:					
I = Information D = Entscheidung A = Aufgabe T = Termin	Thema	Verantwortlich	Beteiligte	Erledigungsdatum	

Abbildung 8: Für Protokolle, die wichtige Punkte festhalten, gibt es oft Vorlagen.

steht darin, dass jeder selbst die besprochenen Punkte notiert. Das ist allerdings sehr uneffektiv. Im besten Fall notiert jeder das Gleiche, was überflüssigen Aufwand bedeutet, im schlimmsten Fall hält jeder etwas anderes fest. Dann sind Missverständnisse vorprogrammiert. Es ist daher besser, Vereinbarungen in einem gemeinsamen Dokument festzuhalten. Üblich sind Protokolle, Memos oder Aufgabenlisten.

Im Arbeitsalltag werden Protokolle genutzt, um wichtige Informationen, Entscheidungen und Aufgaben festzuhalten. Sie werden meistens als Listen geführt. Viele Unternehmen haben für Protokolle spezielle Vorlagen, die vorgeben, welche Informationen an welcher Stelle notiert werden sollen. In Abbildung 8 ist ein Beispiel eines solchen Protokolls wiedergegeben.

Beim Schreiben eines Protokolls kommt es darauf an, das Wichtige festzuhalten, sich dabei aber kurz zu fassen. Ein Protokoll anzufertigen, ist keineswegs eine lästige Nebensache, sondern wichtig für die Kommunikation, da so Besprochenes festgehalten und allen Beteiligten zur Verfügung gestellt werden kann.

Protokolle

Aufgabenliste				
Aufgaben Nr.	Aufgabe	Datum	Eintrag von	verantwortlich

Memo Ein Memo ist eine kurze Notiz zu einen Sachverhalt, einem Gespräch oder einer kurzen Besprechung. Im Gegensatz zum Protokoll, das mehrere Aspekte festhält, gibt ein Memo nur eine Information oder eine Entscheidung wieder. Für Memos sind E-Mails gut geeignet. In der Betreffzeile sollte die E-Mail als Memo gekennzeichnet werden, damit der Empfänger sie sofort einordnen kann. Ein Memo sollte Antworten zu folgenden Fragen enthalten:

- Um welchen Sachverhalt geht es?
- Wer war dabei?
- Wann war das?
- Was wurde besprochen/getan/entschieden?
- Welche Aufgabe muss von wem erledigt werden?
- Wer wird durch das Memo informiert?

Aufgabenliste Bei manchen Themen ist es wichtig, dass nach einer Besprechung Aktivitäten in Gang gesetzt werden. Dazu ist es sinnvoll, Aufgabenlisten anzufertigen, die im Gegensatz zum Protokoll nur die Aufgaben festhalten. Sie enthalten eine Spalte, die dazu dient, die Erledigung der Aufgaben zu verfolgen. Ein Beispiel für eine solche Aufgabenliste zeigt Abbildung 9.

Erledigungs-datum (Soll)	Status	Erledigungs-datum (Ist)	Bemerkung

Abbildung 9: Aufgabenlisten geben einen schnellen Überblick über das, was zu tun ist.

Tipps für Ihren Erfolg

Nutzen Sie Lesetechniken, um die tägliche Flut an Informationen zu bewältigen. So sparen Sie Zeit für die wesentlichen Arbeitsaufgaben.

Verschaffen Sie sich schnell einen Überblick über die Informationen, die Sie benötigen, und recherchieren Sie dann gezielt.

Organisieren Sie Ihre Informationen. So finden Sie Dinge später leichter wieder.

Beschreiben Sie Ihre Probleme, bevor Sie nach Lösungen suchen. So stellen Sie sicher, dass Sie das Problem auch an der Wurzel anpacken.

Nutzen Sie Kreativitätstechniken für die Suche nach Lösungen. So kommen Sie auf neue, ungewöhnliche Ideen.

Nutzen Sie Entscheidungstechniken, um alle Informationen zu berücksichtigen und die Entscheidungsfindung transparent zu machen.

Dokumentieren Sie, was Sie mündlich vereinbart haben. So lassen sich Missverständnisse vermeiden und es wird nichts Wichtiges vergessen.

Das erste halbe Jahr: Die Bewährungsprobe bestehen

In Ihrem Team fühlen Sie sich schon wie zu Hause. Die Kollegen sind vertraut, die Arbeit macht Spaß und Sie hatten auch schon die ersten kleinen Erfolgserlebnisse. Doch Sie stellen auch immer wieder fest, dass es gar nicht so leicht ist, sich zu behaupten, vor allem wenn Sie in Meetings mit Kollegen aus anderen Abteilungen Ihre Themen vertreten müssen. Das erste halbe Jahr ist eine Bewährungsprobe. Wenn Sie diese überstanden haben, dann sind Sie im Unternehmen angekommen.

Unternehmensorganisation Um im Unternehmen erfolgreich zu sein, sollten Sie die formellen und informellen Strukturen kennen und sich im internen Machtgefüge bewegen können. Dazu müssen Sie Menschenkenntnis besitzen, damit Sie herausfinden, mit wem Sie sich verbünden können und wer Ihre Konkurrenten sind.

Unternehmenskultur Sich ins Unternehmen zu integrieren, bedeutet, mit seiner Kultur vertraut zu sein und ein Teil von ihr zu werden. Das heißt nicht, dass Sie sich völlig anpassen müssen, aber Sie sollten wissen, welches Verhalten in bestimmten Situationen angebracht ist.

Networking Ein starkes Unternehmensnetzwerk hilft Ihnen über die Grenzen Ihrer Abteilung hinweg, Unterstützung für Ihre Themen und Projekte zu bekommen, und vor allem fördert es Ihre Karriere im Unternehmen.

Unternehmensorganisation: Formelle und informelle Machtstrukturen

Etwas Dummes zu sagen, ist für einen Minister sogar noch gefährlicher, als etwas Dummes zu tun.

KARDINAL DE RETZ

Wer in einem Unternehmen für was zuständig ist, zeigt Ihnen das Organigramm eines Unternehmens. Doch neben der offiziellen Struktur bildet sich in jedem Unternehmen eine inoffizielle Machtstruktur heraus. Diese sollten Sie im Blick haben, wenn es darum geht, Themen und Projekte durchzusetzen. Denn manchmal scheitert ein Vorhaben daran, dass wichtige informelle Player übersehen wurden. Aber auch für die eigene Karriere ist es wichtig, die informellen Strukturen zu kennen, um sich bei wichtigen Entscheidern im Unternehmen zu positionieren.

In diesem Kapitel erhalten Sie Antworten auf die folgenden Fragen:

- Wie wird die Unternehmensorganisation beschrieben?
- Wie erkenne ich informelle Strukturen?
- Wie positioniere ich mich im Unternehmen?

Organigramme, Prozesse und Leitlinien

Von außen betrachtet hat jeder in einem Unternehmen seinen Platz und weiß, was er zu tun hat. Das Geheimnis dieser Zusammenarbeit ist die Unternehmensorganisation. In großen Unternehmen ist dafür eine eigene Abteilung zuständig: die Organisationsabteilung.

Wer ist im Unternehmen für was zuständig? Diese Frage beantwortet das sogenannte Organigramm. Das Wort selbst setzt sich zusammen aus „Organisation" und „Diagramm", manchmal werden stattdessen die Bezeichnungen Strukturplan, Organisationsplan oder Stellenplan verwendet. Ein Beispiel eines Organigramms ist in Abbildung 10 dargestellt.

Organigramme

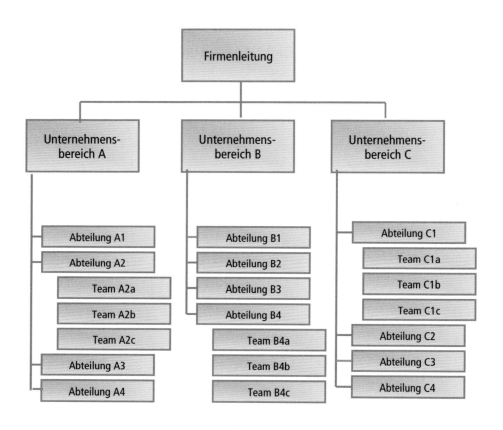

Abbildung 10: Das Organigramm zeigt, wie die Organisation aufgebaut ist.

Ein Organigramm ist die grafische Darstellung der organisatorischen Einheiten, der Aufgabenverteilung und der Kommunikations- und Führungsbeziehungen.

Aus einem Organigramm können Sie folgende Informationen entnehmen: wer für was zuständig ist, wer wem Weisungen erteilen kann und wie der Informationsfluss verläuft. Zudem erkennen Sie, welche Personen für welche Bereiche zuständig sind.

Starke und flache Hierarchien

Ein hierarchisch aufgebautes Unternehmen hat in der Regel viele Hierarchiestufen und damit Ebenen im Organigramm. Behörden sind ein Beispiel für sehr hierarchisch aufgebaute Organisationen. In solchen Unternehmen ist es wichtig, sich an die durch das Organigramm vorgegebenen Spielregeln zu halten. Sie sollten beispielsweise nie Ihren Chef übergehen und direkt mit dem Chef Ihres Chefs sprechen. Bei Organisationen mit wenigen Hierarchiestufen spricht man von flachen Hierarchien. Hier sind die Kommunikationswege oft kurz und man spricht direkt mit Mitarbeitern aus anderen Abteilungen.

Projekte

Projekte sind eine besondere Form der Organisation. Während Abteilungen normalerweise sogenannte Regelaufgaben haben, die sie dauerhaft ausführen, werden Projekte für zeitlich begrenzte Aufgaben eingerichtet, etwa für den Neubau eines Unternehmensgebäudes oder die Umorganisation oder die Einführung einer neuen Software.

Stelle im Organigramm

Sie selbst haben eine Stelle im Unternehmen. Je höher diese Stelle im Organigramm dargestellt ist, umso wichtiger ist sie. Deshalb spricht man bei der Karriere im Unternehmen auch von einem Aufstieg in der Hierarchie. Sich mit dem Organigramm und der Organisationsform Ihres Unternehmens zu beschäftigen, lohnt sich also auch, weil Sie hier Ihre Karrieremöglichkeiten erkennen können.

Geschäftsprozesse

Ein Organigramm zeigt die sogenannte Aufbauorganisation eines Unternehmens. Der Ablauf der Tätigkeiten im Unternehmen ist ein anderer Aspekt, der in Form von Geschäftsprozessen beschrieben wird. Ein Beispiel für die Darstellung von Geschäftsprozessen zeigt Abbildung 11.

Geschäftsprozesse beschreiben die Folge von Einzeltätigkeiten, die schrittweise ausgeführt werden müssen, damit das Betriebsziel erreicht wird. Sie beschreiben die Organisation der Arbeit über die Abteilungsgrenzen hinweg.

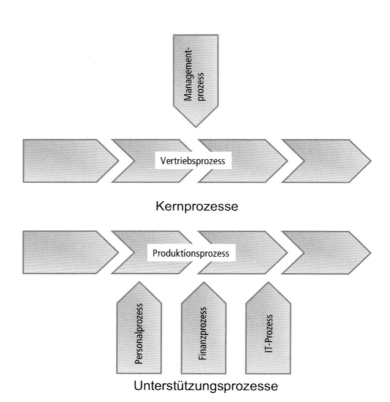

Abbildung 11: Die Geschäftsprozesse zeigen die Abfolge von Tätigkeiten im Unternehmen.

Je nach Unternehmen ist die Beschreibung der Prozesse unterschiedlich detailliert. Je detaillierter ein Prozess beschrieben ist, desto genauer ist vorgeben, wer welche Tätigkeit mit welchen Arbeitsmitteln ausführen soll. Üblicherweise werden Produktionsprozesse sehr detailliert beschrieben, um dauerhaft eine hohe Qualität der Produkte sicherzustellen. Seit den 1980er-Jahren können sich Unternehmen mit einem Zertifikat bestätigen lassen, dass ihre Prozesse beschrieben sind und die Mitarbeiter diese Prozesse kennen und danach handeln. Für die Mitarbeiter bedeutet dies eine Verpflichtung, sich über die Prozesse zu informieren und danach zu handeln.

Die Arbeitsweise in einem Unternehmen wird aber nicht nur von der Aufbau- und Ablauforganisation bestimmt, sondern auch von den Grundsätzen der Unternehmensführung, die heute auch als Corporate Governance bezeichnet werden. Damit sind alle Gesetze, Richtlinien, Unternehmensleitbilder, aber auch Gepflogenheiten gemeint, die von der Unternehmensführung vorgegeben werden.

Corporate Governance

Corporate Governance bezeichnet die Gesamtheit aller internationalen und nationalen Regeln, Vorschriften, Werte und Grundsätze, die für ein Unternehmen gelten, sowie die Bestimmungen, wie diese durch die Führung umgesetzt und überwacht werden sollen.

Bei Corporate Governance geht es nicht zuletzt auch darum, dass die Mitarbeiter sich an die Leitlinien des Unternehmens halten. Das wird als Compliance bezeichnet. Das Nichtbefolgen von Gesetzen und Regeln des Unternehmens kann arbeitsrechtliche Konsequenzen nach sich ziehen.

Compliance

Aufbau- und Ablauforganisation und die Corporate Governance sind wie die Straßenpläne und die Verkehrsregeln im Unternehmen. Sie sollten sie deshalb kennen, wenn Sie sich souverän im Unternehmen bewegen wollen. Nur wenn Sie wissen, wie die Weisungs- und Kommunikationswege im Unternehmen verlaufen, wissen Sie, von wem Sie welche Informationen bekommen und wen Sie informieren müssen. Wenn Sie über die Regeln Bescheid wissen, ersparen Sie sich auch unnötige Konflikte, denn Ihre Kollegen gehen davon aus, dass Sie sich entsprechend der Regeln verhalten.

So machen Sie sich mit den Regeln des Unternehmens vertraut:

- Lassen Sie sich von Ihrer Führungskraft oder Ihrem Paten die Unternehmensorganisation erklären und fragen Sie, wo Sie die Informationen finden.
- Machen Sie sich zuerst mit der Aufbau- und Ablauforganisation Ihres Bereiches vertraut.
- Machen Sie sich mit den wichtigsten Regeln der Corporate Governance vertraut.
- Informieren Sie sich bei abteilungsübergreifenden Projekten oder Tätigkeiten über die Aufbau- und Ablauforganisation der beteiligten Stellen.
- Informieren Sie sich im Intranet des Unternehmens über andere Bereiche.
- Informieren Sie sich über Organisationsänderungen im Unternehmen und diskutieren Sie diese mit Ihren Kollegen. Oft haben Organisationänderungen in anderen Bereichen auch Auswirkungen auf Ihre Arbeit.
- Analysieren Sie das Organigramm im Hinblick auf Entwicklungschancen im Unternehmen.

Office Policy – das Spiel um Macht und Einfluss

Sie sind mit Ihrem Thema weit vorangekommen. Ihre Führungskraft hat Sie sogar gelobt. Sie haben sich mit allen Beteiligten abgestimmt. Der Beschluss der Bereichsleitung, den Sie noch benötigen, scheint nur noch eine reine Formsache zu sein. Doch in deren Meeting wurden von Bereichsleitern, die eigentlich gar nicht betroffen sind, Bedenken geäußert. Die fordern, das Thema in einen größeren Rahmen zu stellen. Statt eines Beschlusses als Lohn Ihrer Mühen haben Sie das Thema wieder auf dem Tisch. Was ist hier passiert? Sie haben offenbar die Bedeutung der Office Policy unterschätzt.

Die Office Policy ist das Gegenstück zur Corporate Governance. Während die Corpoarte Governance die offiziellen Spielregeln beschreibt, versteht man unter Office Policy die inoffiziellen Spielregeln. Diese führen manchmal zu schwierigen Situationen, wenn Sie beispielsweise mit Ihrem Thema bei Ihrer Führungskraft auf Widerstand stoßen, und zwar nicht aus sachlichen Gründen, sondern weil Ihr Chef Ihnen unbekannte Vereinbarungen mit anderen Abteilungsleitern getroffen hat, sich selbst nicht gegen seinen Chef durchsetzen kann oder beweisen möchte, dass er das Sagen hat.

Wie mächtig einzelne Personen sind, hängt nicht nur von ihrer formellen Position ab, sondern auch von ihrer persönlichen Durchsetzungskraft. Mächtige Personen können einen großen Einfluss auf Entscheidungen haben. Sie sollten deshalb die informellen Machtstrukturen kennen und nicht nur diejenigen in Ihre Themen einbeziehen, die formell dafür zuständig sind, sondern auch diejenigen, die bei einer Entscheidung eine gewichtige Stimme haben. So können Sie vermeiden, dass Ihr Thema zwischen die Fronten gerät und tot geredet wird.

Mächtige Personen

Aber auch für Ihre Karriereplanung ist es wichtig, die informellen Strukturen zu kennen. Denn die informell Mächtigen können auch für Ihre Karriere wichtig sein. Nach einer Umorganisation kann es sein, dass plötzlich eine Führungskraft, die aus einem ganz anderen Bereich kommt, für Sie zuständig ist. Umgekehrt kommt es vor, dass Führungskräfte entmachtet und alle mit ihnen getroffenen Vereinbarungen hinfällig werden. Wenn Sie die informellen Strukturen kennen, können Sie ein intelligentes Netzwerk knüpfen und bei Ihrer Karriereplanung auf das richtige Pferd setzen.

Machtstrukturen nutzen

Die informellen Strukturen in einem Unternehmen zeigen sich in einem Beziehungsgeflecht aus mächtigen und weniger einflussreichen Personen, das neben dem offiziellen Organigramm besteht. Es ist geprägt von Koalitionen, aber auch Rivalitäten. Seilschaften steigen auf und ab aufgrund von Erfolgen und Misserfolgen oder organisatorischen Änderungen. Im Gegensatz zum Organigramm sind die inoffiziellen Strukturen nicht eindeutig festgelegt. Es gibt meist mehrere Strukturen, die sich überlagern und gegenseitig beeinflussen. Die inoffiziellen Strukturen sind über Jahre hinweg gewachsen, können sich aber schnell ändern, wenn wichtige Player das Unternehmen verlassen oder andere Positionen einnehmen.

Zwar bildet auch das Organigramm Machtstrukturen ab, aber es gibt auch Machtstrukturen, die sich in der Vergangenheit entwickelt haben und im Organigramm nicht sichtbar sind. So könnte es zum Beispiel sein, dass eine Führungskraft durch einen Förderer in der Hierarchie aufgestiegen ist. Selbst wenn der Förderer jetzt offiziell auf der gleichen Ebene steht, übt er oft informell noch einen Einfluss auf seinen Zögling aus. Aber auch Machtverhältnisse, die noch im Entstehen begriffen sind, können schon Auswirkungen haben. Schätzt beispielsweise ein Leiter die Meinung seiner Führungskraft besonders, wird diese Führungskraft nach einer Umorganisation vermutlich eine wichtige offizielle Position einnehmen.

Sie sollten sich deshalb an den Erfolgreichen orientieren. Beobachten Sie diese und finden Sie heraus, was diese tun, um sich durchzusetzen und Ressourcen zu bekommen, und wie es ihnen gelingt, Koalitionen zu schmieden.

Indikatoren für informelle Macht

Hedwig Kellner beschreibt in ihrem Buch *Soziale Kompetenz für Ingenieure, Informatiker und Naturwissenschaftler* sieben Indikatoren, mit denen informelle Machtstrukturen erkannt werden können. Mächtige Personen sind solche, die

- **am Drücker sitzen:** Im Unternehmen sitzt „am Drücker", wer über Ideen und Projekte entscheiden, Verträge abschließen und Mitarbeiter einstellen kann. Wer diese Rolle an welcher Stelle offiziell einnimmt, zeigt Ihnen das Organigramm. Doch gibt es daneben auch andere Personen, die Einfluss auf die Entscheider haben. Sie verfügen über eine informelle Macht. Über sie können Sie Entscheidungen vorbereiten, bevor Sie eine offizielle Entscheidungsvorlage vorlegen.
- **den größten Brocken abbekommen:** Den „größten Brocken abzubekommen" bedeutet im Unternehmen, über ein großes Budget oder viele Ressourcen zu verfügen. Arbeiten Sie in einer solchen Abteilung, dann haben Sie gute Chancen, bald interessantere Aufgaben und Projekte zu bekommen, und sind gut mit Arbeitsmitteln ausgestattet.
- **über die Zeit anderer verfügen:** Wenn Sie einen Termin mit einer in der Hierarchie höher gestellten Führungskraft machen wollen, müssen Sie sich nach deren Terminkalender richten.
- **den Ton angeben:** Auch unter Managern, die auf einer Ebene stehen, gibt es einige, die sich besser durchsetzen können als andere. Sie geben den Ton an und beeinflussen mit ihrer Meinung

Entscheidungen. Man erkennt sie daran, dass sie mehr reden als andere, gelegentlich sogar anderen ins Wort fallen oder sich mit Lautstärke Gehör verschaffen.

Raum einnehmen: Die inoffizielle Hierarchie zeigt sich auch in der Raumverteilung. Wer das größere und schönere Büro hat, ist oft mächtiger als andere Kollegen auf gleicher Hierarchieebene. Auch die Sitzordnung in Meetings spiegelt Machtstrukturen wider. Wer wichtig ist, sitzt an strategisch wichtigen Positionen, hat Zugriff auf den Beamer und ist für alle Teilnehmer gut sichtbar.

das Klima bestimmen: In traditionellen Unternehmen hängt der Haussegen schief, wenn der Chef schlecht gelaunt ist. Aber nicht nur der Chef bestimmt das Betriebsklima, denn Chefs nehmen oft auf die Launen wichtiger Mitarbeiter Rücksicht, um diese nicht zu demotivieren.

Urteile fällen dürfen: Offiziell hat der Ranghöhere das Recht, ein Urteil zu fällen. Der Chef darf seine Mitarbeiter loben und kritisieren. Wenn Sie als Mitarbeiter Ihren Chef loben, ist das eine Verletzung der inoffiziellen Regel.

Wenn Sie diese Aspekte im Blick behalten und sich in Ihrem Arbeitsumfeld umsehen, erkennen Sie schon bald, wer die informell Mächtigen sind. Diese Personen sollten Sie auf Ihrer Seite haben, wenn Sie Ihre Themen erfolgreich durchsetzen und Karriere machen wollen.

Um im Spiel um Macht und Einfluss innerhalb des Unternehmens erfolgreich zu sein, sollten Sie lernen, politisch zu agieren. Politisch zu handeln bedeutet in diesem Fall, sich innerhalb der Strukturen des Unternehmens strategisch klug zu verhalten, um Ziele zu erreichen. Politisches Handeln kann fachliche Kompetenz nicht ersetzen, doch wenn Sie gute Arbeit leisten, können Sie sich auf diese Weise gut positionieren und verhindern, dass Ihre Arbeit politischen Ränkespielen zum Opfer fällt.

Im Unternehmen politisch agieren

Auf politischer Ebene sollten Sie immer dann aktiv werden, wenn Sie etwas im Unternehmen durchsetzen wollen und dabei auf die Unterstützung von Kollegen und Führungskräften angewiesen sind. Natürlich sollten Sie auch sachliche Argumente haben, die für Ihr Anliegen sprechen. Die folgenden Instrumente politischen Handelns können dann unterstützend wirken:

Tauschhandel: Der Tauschhandel funktioniert nach dem Motto „Eine Hand wäscht die andere". Bieten Sie eine Gegenleistung an, damit Ihnen jemand bei Ihrem Anliegen hilft.
Schmeicheln: „Nicht geschimpft ist genug gelobt", sagt ein schwäbisches Sprichwort. Wenn Sie die Erfolge anderer loben, freuen sich diese über die Wertschätzung, die sie vielleicht von ihrer Führungskraft nicht bekommen.
Sponsoren: Gewinnen Sie die Unterstützung von Personen, die formell oder informell Macht haben. Wenn Sie darauf verweisen können, dass Ihr Anliegen von diesen Personen unterstützt wird, gewinnen Sie damit auch diejenigen, die auf die Meinung dieser einflussreichen Personen hören.
Verbündete: Suchen Sie sich Verbündete, die Sie bei Ihrem Anliegen unterstützen. Damit bekommt Ihre Aufgabe oder Ihr Thema mehr Gewicht.
Druck: Manchmal hilft es, „Drohszenarien" zu entwickeln, um Unterstützung für eine Idee zu erhalten. Das sollte aber nur die Ausnahme sein!

Politisches Agieren liegt nicht jedem. Nutzen Sie es nur in dem Maße, wie es zu Ihrer Persönlichkeit passt. Seien Sie sich aber bewusst, dass andere politisch handeln und dass Erfolge nicht immer allein auf fachlicher Leistung basieren.

So tragen Sie durch politisches Handeln zu Ihrem Erfolg bei:

- Arbeiten Sie an Ihrem Ruf, ein guter Experte zu sein.
- Informieren Sie sich über die formellen Strukturen im Unternehmen.
- Analysieren Sie die informellen Machtstrukturen.
- Beschaffen Sie sich informelle Zugänge zu Informationen.
- Suchen Sie den persönlichen Kontakt zu einflussreichen Personen.
- Gewinnen Sie Sponsoren für Ihre Themen.
- Suchen Sie nach Verbündeten.

> **Tipps für Ihren Erfolg**
>
>
>
> Informieren Sie sich anhand von Organigrammen, Prozessdarstellungen und der Corporate Governance über die formellen Strukturen Ihres Unternehmes.
>
> Versuchen Sie, die informellen Spielregeln, die sogenannte Office Policy, zu erkennen.
>
> Knüpfen Sie Kontakte zu einflussreichen Personen und integrieren Sie diese in Ihr Netzwerk. Berücksichtigen Sie dabei auch Personen, die informelle Macht haben.
>
> Handeln Sie politisch. Das ersetzt zwar keine fachlichen Leistungen, unterstützt diese aber. Es verhindert zudem, dass Ihre Arbeit politischen Ränkespielen zum Opfer fällt.

Unternehmenskultur: Anpassen, ohne die eigene Identität zu verlieren

Neben Fachwissen und sozialer Kompetenz schwingt in einem Vorstellungsgespräch bewusst oder unbewusst die folgende Frage mit: Passt die Bewerberin oder der Bewerber zu unserem Unternehmen? Auch Sie empfinden manche Unternehmen attraktiver als andere. Unternehmen, die den Zeitgeist repräsentieren, wie Google oder Apple, gelten als besonders attraktiv für die jüngere Generation. Andere eher traditionell wirkende Unternehmen liegen in Rankings weit hinten. Für diese Unterschiede gibt es einen Grund: Die Kultur des Unternehmens, in dem Sie arbeiten, bestimmt, ob Sie sich im Unternehmen wohl fühlen oder nicht. Je weiter die Werte der Unternehmenskultur von Ihren Werten entfernt sind, umso schwerer fällt es Ihnen, sich anzupassen. Einen Platz im Unternehmen zu finden, heißt auch immer, die Balance zwischen Ihren Werten und denen Ihres Unternehmens zu finden.

In diesem Kapitel erhalten Sie Antworten auf die folgenden Fragen:

- Was ist Unternehmenskultur?
- Was sind meine eigenen Werte und Normen?
- Was prägt die Werte und Normen meiner Kollegen?
- Wie finde ich die Balance zwischen meinen Werten und denen des Unternehmens?

Was ist Unternehmenskultur?

Unter Unternehmenskultur versteht man den Geist oder Stil eines Hauses. Alternative Bezeichnungen dafür sind Firmenkultur, Organisationskultur oder Corporate Culture. Die Bedeutung der Unternehmenskultur für den Erfolg eines Unternehmens wurde Anfang der 1970er-Jahre in den USA und später dann auch in Deutschland erkannt. Es gibt Unternehmen, die stolz auf ihre eigene, gewachsene Unternehmenskultur sind. Selbst Unternehmensfremde merken sofort, dass die Mitarbeiter ein unsichtbares Band verbindet.

Die Unternehmenskultur ist in einem langen Prozess entstanden, der mit der Unternehmensgründung einsetzte, und sie ist geprägt durch den kollektiven Erfahrungsschatz der Menschen im Unternehmen. Umgekehrt prägt sie wiederum auch deren Denken und gibt ihnen eine Orientierung für ihr Handeln. Sie äußert sich in der Art, wie im Unternehmen gesprochen wird, in Normen und Regeln und auch in der Arbeitsweise.

Der Begriff Unternehmenskultur beschreibt das Unternehmen als Sozialsystem, das spezifische identitätsbildende Merkmale hat, die sich in seiner Kultur ausdrücken. Das sichtbarste Zeichen der Unternehmenskultur ist die Corporate Identity, ein System aus Zeichen und Symbolen, anhand derer auch Außenstehende das Unternehmen sofort erkennen.

Sich mit der Unternehmenskultur identifizieren

Bei Ihrer Bewerbung haben Sie sicher schon eingeschätzt, wie attraktiv die Corporate Identity ihres zukünftigen Arbeitgebers für Sie persönlich ist. Fühlten Sie sich sofort emotional angesprochen? Sind sie nun stolz, in einem Unternehmen zu arbeiten, das sich in der Öffentlichkeit mit dieser Corporate Identity präsentiert? Oder verschweigen Sie lieber, dass Sie zu diesem Unternehmen gehören? Die Antwort auf diese Fragen spiegelt Ihre emotionale Bindung zum Unternehmen wider.

Welche Kultur prägt Ihr Unternehmen?

- Welche Traditionen werden im Unternehmen gepflegt und gelebt?
- Welches Leistungsverhalten erwartet das Unternehmen von seinen Mitarbeitern?
- Wie präsentiert sich das Unternehmen gegenüber den Kunden und den Mitarbeitern?
- Welche Regeln gibt es für den Umgang mit Zeit?
- Welches Führungsverhalten zeigen die Manager?
- Wie verbindlich sind Beschlüsse und Vereinbarungen?
- Wie steht das Unternehmen zu Innovation und Veränderung?

Persönlichkeits- und Unternehmenstypen

So wie die Kultur des Unternehmens durch seine Geschichte geprägt wurde, so sind auch Ihre Werte und Normen durch Ihre eigene Kultur und Ihre Lebensgeschichte geprägt. Während gerade in großen Unternehmen die Kultur durch Leitsätze und durch die Corporate Identity sichtbar ist, sind Ihnen Ihre eigenen Werte und Normen eher weniger bewusst. Sie zeigen sich jedoch in Ihrer Persönlichkeit.

Persönlichkeitsmodell von Riemann-Thomann

Ein sehr aussagekräftiges sozialwissenschaftliches Persönlichkeitsmodell ist das Riemann-Thomann-Modell. Es basiert auf einer Erkenntnis aus der Psychologie: Das Verhalten des Menschen wird unter anderem durch Angst gesteuert. Daraus werden vier Typen abgeleitet, die durch unterschiedliche Verhaltensmuster charakterisiert sind. (Selbstverständlich sind diese Typen nur Konstrukte, das reale Verhalten eines Menschen kann durchaus einer Mischform entsprechen.)

Der Distanz-Typ: Er sieht die Dinge rational, objektiv und sachlich. Anderen begegnet er immer mit einer gewissen Distanz. Er möchte unabhängig und vor allem nicht auf andere angewiesen sein. Auch seine Gefühle betrachtet und interpretiert er mit dem Verstand. In der Regel zieht er die schriftliche Kommunikation dem persönlichen Kontakt vor.

Der Nähe-Typ: Der Nähe-Typ ist das genaue Gegenteil des Distanz-Typs. Er sucht die Nähe zu anderen Menschen und legt Wert auf ein harmonisches Miteinander. Er ist hilfsbereit und blüht auf, wenn er zu seinen Kollegen einen guten Kontakt hat. Allerdings ist er auch konfliktscheu und fürchtet sich davor, allein gelassen zu werden. Ein Nähe-Typ schätzt den persönlichen Kontakt und den informellen Austausch unter Kollegen.

Der Dauer-Typ: Er braucht eine überschaubare Lebensführung. In seinem Leben haben Ordnung und Struktur, Organisation und Planung, Hierarchie, Regeln und Kontrolle eine hohe Bedeutung. Er ist pünktlich und diszipliniert und erwartet dies auch von anderen. Bei seinen Aktivitäten geht er kein Risiko ein. Den Dauer-Typ erkennt man an einem aufgeräumten Schreibtisch und einer strukturierten Vorgehensweise bei seiner Arbeit.

Wechsel-Typ: Der Wechsel-Typ ist das Gegenteil des Dauer-Typs. Er findet sich gut in unsicheren und chaotischen Situationen zurecht. Lebendigkeit, Spontaneität, Kreativität und Offenheit für Neues prägen seinen Lebens- und Arbeitsstil. Schlechte Planung und Organisation kompensiert er durch Improvisation. Konflikte kann er gut ertragen. Dabei ist er nicht nachtragend. Der Schreibtisch des Wechsel-Typs ist in der Regel etwas unordentlich und er neigt zur Unpünktlichkeit.

Das Verhalten eines Menschen tendiert in der Regel dazu, einem der vier Typen zu entsprechen. Diese sind gleichwertig – jedes Verhaltensmuster hat seine Berechtigung und ist mit Stärken und Schwächen verbunden. Je flexibler Sie sind, das heißt je einfacher Sie je nach Situation zwischen diesen Verhaltensmustern wechseln können, desto leichter fällt es Ihnen, situationsgerecht zu reagieren.

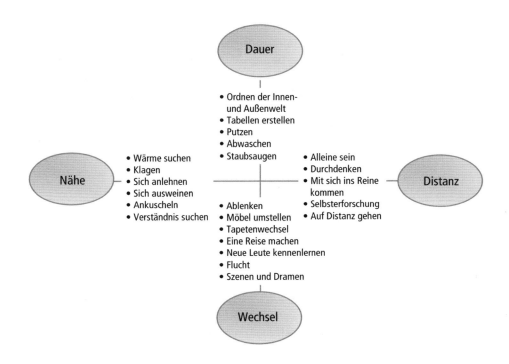

Abbildung 12: Das Riemann-Thomann-Modell zeigt die unterschiedlichen Persönlichkeitstypen.

Das Riemann-Thomann-Modell lässt sich auch auf Unternehmen übertragen. Idealtypisch lassen sich so die folgenden vier Unternehmenstypen bestimmen:

Riemann-Thomann-Modell für Unternehmen

Das Distanz-Unternehmen: Unternehmen dieses Typs sind klar strukturiert und arbeiten nach klar definierten Prozessen. Die Strategie ist auf Stabilität ausgerichtet. Mitarbeiter haben Einzelbüros oder zumindest abgetrennte Arbeitsbereiche. Die Kommunikation erfolgt über E-Mails. Der ideale Mitarbeiter eines solchen Unternehmens ist korrekt gekleidet und hat höfliche Umgangsformen. Bei Konflikten beruft man sich auf Regeln und Richtlinien. Typische Distanz-Unternehmen sind beispielsweise Behörden.

Unternehmenskultur: Anpassen, ohne die Identität zu verlieren

Das Nähe-Unternehmen: Nähe-Unternehmen legen Wert auf ein „Wir-Gefühl" unter den Mitarbeitern und veranstalten Betriebsausflüge und andere Events. Die Zufriedenheit der Mitarbeiter hat einen hohen Stellenwert und man schätzt die persönliche Kommunikation. Der ideale Mitarbeiter eines solchen Unternehmens hat eine hohe Sozialkompetenz, ist kontaktfreudig und möchte sich mit seinem Unternehmen identifizieren. In solchen Unternehmen versucht man, Konflikte zu vermeiden oder, wenn dies nicht möglich ist, die Harmonie schnell wieder herzustellen. Familienunternehmen gehören oft zu diesem Typ.

Das Dauer-Unternehmen: Dauer-Unternehmen haben eine klare, stabile Hierarchie. Man zögert lange, bis eine notwendige organisatorische Änderung umgesetzt wird. Die Strategie dieser Unternehmen setzt auf bewährt Produkte, Risiken werden vermieden. Man nutzt bewährte Kommunikationswege wie E-Mail, Telefon und Besprechungen. Der ideale Mitarbeiter bleibt einem solchen Unternehmen lange treu und versucht, sich im Unternehmen weiterzuentwickeln. Dauer-Unternehmen können sich mit bewährten Produkten oft lange am Markt halten.

Das Wechsel-Unternehmen: Diese Unternehmen arbeiten projektorientiert und passen sich schnell veränderten Marktbedingungen an. Sie sind sehr innovativ und kundenorientiert. Neue Ansätze werden gerne ausprobiert, aber ebenso schnell auch wieder fallengelassen. Der ideale Mitarbeiter ist flexibel und sammelt gerne Erfahrungen in anderen Bereichen und Unternehmen. In der Kommunikation ist man experimentierfreudig. Konflikten geht man nicht aus dem Weg, aber selbst nach harten Auseinandersetzungen ist man nicht nachtragend. Beispiele für diesen Typ sind Start-ups und junge Unternehmen, die gerade deshalb erfolgreich sind, weil sie sich gut auf Veränderungen im Marktumfeld einstellen können.

Welchem Typ des Riemann-Thomann-Modells würden Sie Ihre eigene Persönlichkeit zuordnen und welchem Typ entspricht Ihr Unternehmen? Bei der Zuordnung helfen Ihnen auch die Reflexionsfragen aus dem vorherigen Kapitel. So können Sie feststellen, welche Ihrer Werte mit denen Ihres Unternehmens übereinstimmen und wo die Unterschiede liegen. Je größer die Übereinstimmungen sind, desto besser passen Sie in das Unternehmen.

Mit dem Riemann-Thomann-Modell können Sie eine erste Selbsteinschätzung Ihrer Persönlichkeit vornehmen. Ein viel differenzierteres Bild erhalten Sie, wenn Sie einen Persönlichkeitstest durchführen. Ein Persönlichkeitstest ist ein psychologisches Testverfahren zur Erfassung von Persönlichkeitseigenschaften. Es gibt eine Reihe von kostenlosen Tests im Internet, die aber oft nicht wissenschaftlich fundiert sind. Wissenschaftlich fundierte Tests sind das Reiss Profile (http://www.reissprofile.eu/), die Big Five (http://www.drsatow.de/), der Myers-Briggs-Typenindikator (http://www.a-m-t.de/persoenlichkeitsinstrumente/) und das DiSG-Modell (http://www.disgprofil.eu/).

Persönlichkeitstests

Kulturelle Unterschiede zwischen den Generationen

Familien, in denen Großeltern, Eltern und Kinder zusammenleben, gibt es heute nur noch selten. Unternehmen sind jedoch in gewisser Weise eine Mehrgenerationen-Familie. Es gibt Kollegen, die im Alter Ihrer Eltern, vielleicht sogar Ihrer Großeltern sind. Die Vertreter einer Generation sind durch gemeinsame Erfahrungen geprägt und haben entsprechend bestimmte Werte und typische Verhaltensweisen. Sie nehmen auch andere Generationen durch Ihre eigene Brille wahr. Um Generationen zu beschreiben, hat man für sie bestimmte Bezeichnungen gewählt. Die heutige Arbeitswelt wird vor allem von drei Generationen geprägt: die Babyboomer-Generation, die Generation X und die Generation Y, der Sie angehören.

Als Babyboomer bezeichnet man diejenigen, die zwischen 1946 und 1964 geboren wurden. Der Name verweist auf die geburtenstarken Jahrgänge in dieser Zeit. Heute sind die Mitglieder dieser Generation über 50 Jahre alt und bereiten sich oft bereits auf den Ruhestand vor. Diese Generation wurde in ihrer Jugend durch die Erfahrung der Warenknappheit geprägt und stark von linken Ideen beeinflusst, was jedoch nicht heißt, dass alle Vertreter dieser Generation eine entsprechende politische Haltung haben. Diese Generation handelt vernünftig und überlegt und legt Wert auf ein gerechtes gesellschaftliches Miteinander.

Babyboomer-Generation

Generation X Die Mitglieder der Generation X sind zwischen 1965 und 1979 geboren. Die Bezeichnung geht auf den Roman Generation X von Douglas Coupland zurück, der darin beschreibt, wie sich die Jugend seiner Zeit von ihren Eltern abgrenzte. Diese Generation hat die technischen Errungenschaften der letzten Jahrzehnte sehr bewusst erlebt, sie ist deshalb sehr technikaffin. Die Vertreter der Generation X stehen Autoritäten skeptisch gegenüber und schätzen Teamarbeit auf gleicher Ebene. Es ist ihnen wichtig, sich bei der Arbeit selbst zu verwirklichen und ihren eigenen Weg zu gehen.

Generation Y Sie gehören vermutlich der Generation Y an, deren Vertreter zwischen 1980 und 1995 geboren sind. Diese Generation unterscheidet sich in vielen Aspekten von den Vorgängergenerationen. Für ihre Vertreter sind Wahlmöglichkeiten eine Selbstverständlichkeit. War in den vergangen Generationen ein Arbeitsplatzwechsel eher unüblich, so ist dies für die Generation Y die Regel. Diese Generation ist zudem die erste, die mit modernen Kommunikationsmedien wie dem Internet aufgewachsen ist. Entsprechend selbstverständlich geht sie mit Technologien und neuen Kommunikationsformen um. Ihre Vertreter sind oft weniger vernunftbetont als Angehörige der Vorgängergenerationen. In Entscheidungen fließen oft auch emotionale Aspekte mit ein.

Im Augenblick sitzen vor allem Mitglieder der Generation X an den Schalthebeln der Macht und geben den Ton an. Es ist jedoch die Generation Y, die künftig die Geschicke des Unternehmens lenken wird. Hier prallen oft unterschiedliche Werte und Vorstellungen aufeinander.

Die eigenen Werte mit denen des Unternehmens vereinbaren

Sie müssen Werte und Normen nicht über Bord werfen, nur weil diese nicht mit denen anderer Mitarbeiter oder Ihres Chefs übereinstimmen. Jede Führungskraft akzeptiert, dass Mitarbeiter eigenständige Individuen sind. Dennoch sollten Sie darauf achten, Wertekonflikte zu vermeiden. Unterscheiden sich Ihre persönlichen Werte und Normen von denen, die im Unternehmen gelebt

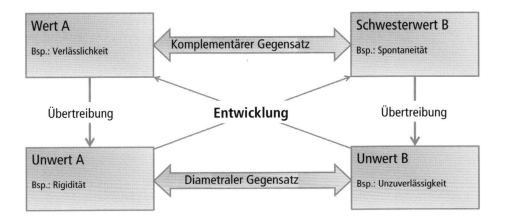

Abbildung 13: Das Werte- und Entwicklungsquadrat, hier am Beispiel Verlässlichkeit und Spontaneität, zeigt Gegensätze in Wertesystemen auf.

werden, sollten Sie sich mit diesem Unterschied auseinandersetzen. Hierbei hilft Ihnen das von Friedemann Schulz von Thun entwickelte Werte- und Entwicklungsquadrat.

Nehmen wir an, ein Mitarbeiter ist in seinem Handeln eher spontan und es fällt ihm schwer, sich an feste Normen und Regeln zu halten. Das Wertesystem des Unternehmens, und damit das seiner Kollegen und seines Chefs, ist durch Werte wie Verlässlichkeit und Pünktlichkeit bestimmt. Der Chef und die Kollegen erwarten Pünktlichkeit, während der Mitarbeiter dies als eine starke Einschränkung seiner Individualität empfindet. Seine Führungskraft und auch seine Kollegen legen Wert darauf, dass er zu Besprechungen pünktlich erscheint. Ihm dagegen ist es wichtig, die Freiheit zu haben, etwas später zur Besprechung zu kommen, wenn er noch eine wichtige E-Mail beantworten möchte.

Beispiel Pünktlichkeit versus Spontaneität

Nach der Theorie von Schulz von Thun können von diesem Gegensatz zwei Entwicklungen ausgehen. So kann es zu einer negativen Entwicklung kommen, wenn die Werte verabsolutiert werden, wenn also beide Seiten auf ihrer Position bestehen. Der Mitarbeiter hält den Chef dann für rigide, während dieser den Mitarbeiter als unzuver-

lässig bezeichnet. *Jeder sieht im Wert des anderen einen Unwert, der bekämpft werden muss.* Aus dieser Situation entstehen gegenseitige Vorwürfe, wobei der Mitarbeiter in diesem Fall in der schwächeren Position ist. Die positive Entwicklung würde dagegen darin bestehen, dass beide sich aufeinander zu bewegen. Der Mitarbeiter bemüht sich, pünktlicher zu sein, zugleich akzeptiert der Chef eine gewisse Spontaneität und erkennt auch die Vorteile spontanen Handelns an.

> **Tipps für Ihren Erfolg**
>
> Setzen Sie sich mit der Kultur Ihres Unternehmens auseinander. Mit den Begriffen Unternehmenskultur und Corporate Identity werden die identitätsstiftenden Merkmale eines Unternehmens bezeichnet.
>
> Analysieren Sie anhand des Riemann-Thomann-Modells Ihre eigenen Werte und Normen sowie die Ihres Unternehmens und suchen Sie nach Unterschieden und Übereinstimmungen.
>
> Machen Sie sich bewusst, dass im Unternehmen unterschiedliche Generationen zusammenarbeiten, die jeweils durch unterschiedliche Erfahrungen und Vorstellungen geprägt sind. So verstehen Sie das Verhalten Ihrer Kollegen besser.
>
> Finden Sie heraus, welche Werte und Normen Ihr Handeln prägen. So können Sie leichter Konflikte erkennen und lösen, die auf Unterschieden zwischen Ihrem Wertesystem und dem Ihres Arbeitgebers beruhen.

Networking: Kontakte knüpfen und nutzen

Sie haben vermutlich ein Benutzerkonto bei Facebook, XING oder LinkedIn und sind mit Studienkollegen und Freunden vernetzt. Mitglied in einem virtuellen sozialen Netzwerk zu sein, ist für Ihre Generation eine Selbstverständlichkeit. Vielleicht haben Sie Ihre jetzige Stelle ja sogar über Ihr Netzwerk gefunden. Auch im Unternehmen brauchen Sie ein Netzwerk, auf das Sie zurückgreifen können, wenn Sie mal nicht weiterwissen oder Unterstützung für Ihre Karriere benötigen. In Ihrem Firmennetzwerk geht es aber vor allem darum, persönliche Kontakte zu knüpfen.

In diesem Kapitel erhalten Sie Antworten auf die folgenden Fragen:

- Wie funktioniert ein Netzwerk?
- Welche Eigenschaften machen gute Netzwerker aus?
- Was ist Menschenkenntnis und wie eigne ich mir diese an?
- Wie knüpfe ich persönliche Kontakte?
- Wie nutze ich mein Netzwerk im Unternehmen?

Das firmeninterne Netzwerk als Beziehungsgeflecht

Sie haben einen Arbeitsauftrag und brauchen Informationen über ein Projekt, in dem eine ähnliche Aufgabe bearbeitet wurde. „Erkundigen Sie sich, wie das die Kollegen im Projekt XY gemacht haben", empfiehlt Ihnen Ihr Chef. Doch Ihre Recherchen im Intranet des Unternehmens bleiben erfolglos, auch Ihre Kollegen können nicht weiterhelfen. An wen sollen Sie sich wenden? Mitarbeiter, die schon lange im Unternehmen sind, können in solchen Fällen auf ihr unternehmensinternes Netzwerk zurückgreifen. Es gibt immer einen Kollegen, der Informationen hat oder zumindest weiß, wer weiterhelfen könnte. Oft ist ein firmeninternes Netzwerk nicht nur hilfreich, sondern entscheidend, um die Aufgabe zu lösen.

Netzwerke in Unternehmen bilden sich durch Kontakte heraus, die die Mitarbeiter im Laufe ihres Berufslebens sammeln. Mitarbeiter, die schon in vielen Abteilungen oder Unternehmensbereichen waren, haben in der Regel ein größeres Netzwerk als Mitarbeiter, die ihr ganzes Berufsleben in einer einzigen Abteilung verbringen. Das Beziehungsgeflecht eines Netzwerks basiert auf sozialen Kontakten, die Sie in Ihrem Team oder mit Kollegen aus anderen Abteilungen knüpfen.

Früher waren diese Kontakte nirgendwo verzeichnet, doch heute nutzen die Mitarbeiter auch virtuelle soziale Netzwerke wie XING und LinkedIn, um sich zu vernetzen. Manche Unternehmen haben inzwischen auch firmeninterne Netzwerkplattformen, die den Mitarbeitern für ihr Networking zur Verfügung stehen.

Unabhängig davon, ob die Netzwerkkontakte auf einer elektronischen Plattform gespeichert sind oder nicht, sind soziale Netzwerke immer ein Beziehungsgeflecht unter Menschen. In Netzwerken knüpfen Menschen Kontakte, bauen Beziehungen auf, tauschen Informationen aus und helfen sich gegenseitig.

Networking ist die systematische Beziehungspflege unter Freunden, Kollegen, Geschäftspartnern und Förderern. Kontakte zu anderen Menschen werden dabei systematisch gesucht, Beziehungen aufgebaut und langfristig gepflegt. Die Netzwerkpartner haben dabei die Absicht, sich gegenseitig zu fördern, um daraus einen Vorteil zu ziehen.

Systematisches Networking

Es gibt viele Anlässe, bei denen Sie die Hilfe Ihres Netzwerks in Anspruch nehmen können: wenn Sie beispielsweise Informationen benötigen, an die Sie auf „offiziellen" Wegen nicht herankommen, wenn Sie zur Lösung eines Problems Unterstützung brauchen oder auch, wenn Sie sich im Unternehmen beruflich verändern wollen. Ihr Netzwerk funktioniert jedoch nur dann, wenn Sie es systematisch aufbauen und pflegen. Systematisches Networking bedeutet, die Entwicklung des persönlichen Netzwerkes nicht dem Zufall zu überlassen, sondern bewusst Kontakte knüpfen.

Der ideale Networker

Sind Sie ein Netzwerktyp? Oder bewundern Sie die Menschen, die mit Leichtigkeit Kontakte knüpfen, aufblühen, wenn sie auf Tagungen sind und gerne Zeit darauf verwenden, E-Mails zu versenden oder mit anderen zu telefonieren? Möglicherweise ziehen Sie es selbst eher vor, in einer festgelegten Struktur zu arbeiten, in der die Kontakte zu anderen Menschen klar geregelt sind. Vielleicht ist es Ihnen wichtig, etwas Distanz zu anderen zu haben, weshalb Ihnen ein eigener Arbeitsbereich wichtig ist. Gerade dann sollten Sie jedoch bewusst und systematisch an Ihrem Netzwerk arbeiten. Auch introvertierte Menschen können gute Networker sein.

Gute Networker sind offen für Neues. Neue Aufgaben und neue Menschen motivieren sie. Zugleich haben sie aber auch die Fähigkeit, Beziehungen zu anderen Menschen herzustellen und zu erhalten. Entscheidend ist dabei, dass Networker aktiv sind. Sie führen Kontakte und Begegnungen herbei, zeigen Interesse an anderen Menschen und möchten an deren Leben teilhaben. Sie führen gerne Gespräche und sammeln dabei Informationen, und zwar nicht gezielt zu bestimmten Zwecken, sondern aus echtem Interesse am anderen. Sie lassen sich von anderen helfen und sind selbst hilfsbereit.

Gute Networker verfügen über eine hohe Beziehungsintelligenz, die Fähigkeit, den Umgang mit anderen Personen zu gestalten. Sie haben ein gutes Einfühlungsvermögen und sind kontaktfreudig. Sie gehen umsichtig mit Beziehungen um und gestalten diese langfristig. Ihnen ist klar, dass das Gelingen einer guten Beziehung von beiden Partnern abhängt. Um Beziehungen zu fördern, ergreifen sie auch die Initiative und gehen in Vorleistung.

Networker sind aktiv

Der Schlüssel zu gutem Networking besteht also darin, Kontakte aktiv zu suchen. Dabei sollten Sie in der Lage sein, die Persönlichkeit Ihres Gegenübers schnell zu erfassen und selbst sympathisch zu wirken. Das gelingt Ihnen durch eine entsprechende innere Einstellung. Denn wenn Sie eine positive, offene Haltung haben, überträgt sich diese auch auf andere.

Zum erfolgreichen Networking gehört also die folgende Grundhaltung: „Ich habe Interesse an anderen Menschen und Freude an Kontakten. Wer andere akzeptiert, der wird auch von anderen akzeptiert. Wer anderen etwas gibt, kann auch von anderen etwas nehmen."

Erfolgreiches Networking durch Menschenkenntnis

Es lässt sich nicht vermeiden, auch einmal von Menschen enttäuscht zu werden. Diese Erfahrung gehört zum Leben dazu. Sie können jedoch verhindern, dass Sie sich zu oft mit Menschen vernetzen, die Sie ausnutzen oder Ihr Vertrauen missbrauchen. Manche Menschen haben ein Gespür dafür entwickelt, welche Personen zu ihnen passen und welche nicht. Sie besitzen Menschenkenntnis.

Empathie und Intuition

Menschenkenntnis beruht auf Empathie, also der Fähigkeit, sich in andere einzufühlen. Empathie ermöglicht es, Gedanken, Emotionen, Absichten und Persönlichkeitsmerkmale eines anderen Menschen zu erkennen und zu verstehen. Sie ist eng verbunden mit dem, was man oft als Intuition bezeichnet. Denn die Motive und Beweggründe anderer lassen sich nicht direkt beobachten, sondern müssen aus Aussagen und Handlungen erschlossen werden. Dies ist oft weniger eine Frage der Logik, sondern ein intuitiver Vorgang, bei dem man sich in die Situation des anderen versetzt und seine Empfindungen nachvollzieht. Dabei wahrt man zugleich Distanz, das heißt man versteht sein Gegenüber, ohne zwangsläufig selbst dessen Gefühlslage zu teilen. So gelingt es, in menschlichen Begegnungen angemessen und beziehungsfördernd zu agieren.

Menschen mit wenig Empathie neigen dazu, von sich auf andere zu schließen. Geringe Empathie kann auch dazu führen, dass man sich auf Vorurteile verlässt. Vorurteile treffen zwar manchmal tatsächlich zu, aber eben nicht immer. Sie sollten deshalb stattdessen in jeder Situation versuchen, sich durch Empathie in Ihr Gegenüber einzufühlen.

Menschenkenntnis trainieren

Menschenkenntnis und Empathie lassen sich trainieren. Sie entstehen durch Erfahrungen im Umgang mit anderen Menschen. Zwar handelt es sich um unbewusste, intuitive Fähigkeiten, doch deren Entwicklung lässt sich bewusst fördern, indem man sich mit anderen beschäftigt, ihr Verhalten beobachtet und reflektiert.

Können Sie Menschen richtig einschätzen?

Nutzen Sie Gelegenheiten im beruflichen und privaten Bereich, bei denen Sie sich nicht zu stark auf Inhalte konzentrieren müssen, um Menschen zu beobachten und deren Verhalten zu reflektieren.

- Welches Verhalten beobachten Sie?
- Wie fühlen sich die einzelnen Personen in dieser Situation?
- An welchen äußeren Zeichen lässt sich das ablesen?
- Verbergen einige Personen vielleicht etwas?
- Was sind die Motive, Ziele und Absichten der Personen?

- Was beeinflusst deren Haltung zum Thema?
- Welche Gefühle verbergen die einzelnen Personen?
- Wie stehen die Personen zu Ihnen?
- Was werden die Personen tun, wenn das Ergebnis nicht ihren Vorstellungen entspricht?
- Wie würden Sie sich fühlen, wenn Sie in der Situation der anderen Person wären?

Das Netzwerk systematisch aufbauen und pflegen

Im Unternehmen gibt es keinen Mitarbeiter ohne Netzwerk. Die entscheidende Frage ist jedoch: Ist Ihr Netzwerk das richtige für Ihre Interessen? Überlassen Sie deshalb den Aufbau Ihres Netzwerks nicht dem Zufall, sondern gehen Sie systematisch vor.

Dies beginnt mit der Analyse Ihres bestehenden Firmennetzwerks. Als Neueinsteiger im Unternehmen werden Sie nur wenige Kontakte außerhalb der eigenen Abteilung haben. Eine Netzwerkanalyse zeigt Ihnen deshalb vor allem, an welchen Stellen Sie Ihr Netzwerk ausbauen müssen. Ein Mindmap ist gut geeignet, um das eigene Netzwerk übersichtlich darzustellen. Abbildung 14 zeigt ein Beispiel für eine solche Netzwerkanalyse.

Netzwerkanalyse

Ein Netzwerk ist jedoch mehr als eine Reihe Namen, die Sie in Ihrem Mindmap eintragen können. Sein Wert liegt vor allem in den Beziehungen, die Sie zu den Menschen pflegen, die sich hinter diesen Namen verbergen. Damit Ihr Netzwerk ein aktives und nützliches Beziehungsgeflecht wird, sollten Sie daher auf folgende Aspekte achten:

Erfolgsfaktoren fürs Networking

Gegenseitigkeit: Je mehr Sie die Interessen anderer unterstützen, umso mehr werden diese auch im Sinne Ihrer Interessen handeln.

Größe des Netzwerks: Je mehr Kontakte Sie haben, umso wahrscheinlicher ist es, dass Sie in einem konkreten Fall jemanden finden, der Sie unterstützt. Viele Kontakte zu haben, macht Sie auch für andere interessanter, denn es zeigt, dass Sie im Unternehmen gut vernetzt sind.

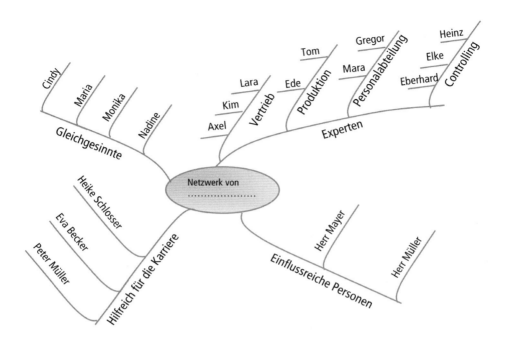

Abbildung 14: Ein Mindmap zeigt Ihnen die Stärken und Schwächen Ihres Netzwerkes.

Wichtigkeit der Netzwerkpartner: Ranghöhere und einflussreiche Personen können mehr für Sie tun als Menschen auf der gleichen Hierarchieebene. Durch diese Kontakte werden auch Sie selbst zu einer wichtigen Person.

Intensität der Beziehungspflege: Je häufiger Sie Kontakt haben, umso persönlicher wird die Beziehung. Es wachsen Sympathie und Vertrauen und damit die Chance, durch diese Kontakte auch nützliche Informationen zu erhalten.

Professionalität der Beziehungspflege: Kontakte im Unternehmen sich keine Freundschaften, sondern ein Beitrag zu Ihrem beruflichen Erfolg. Zu große Vertraulichkeit und das Eingehen persönlicher Verpflichtungen können zu Interessenkonflikten führen, wenn Sie Ihre beruflichen Ziele im Blick behalten wollen.

So halten Sie Ihr Netzwerk auf dem aktuellen Stand:

- Überprüfen Sie regelmäßig, ob Sie in Ihrem Netzwerk die richtigen Kontakte haben.
- Pflegen Sie regelmäßig die Kontakte zu Ihren wichtigen Netzwerkpartnern.
- Beobachten Sie, wie sich der Einfluss Ihrer Netzwerkpartner verändert.
- Suchen Sie aktiv den Kontakt zu Menschen aus Bereichen, in denen Sie bisher keine oder nur wenige Kontakte haben.

Ein Netzwerk zu pflegen ist ein bisschen so, als würde man einen Garten pflegen. Die Pflanzen darin – Ihre Kontakte – wachsen nicht von allein. Sie müssen gegossen und gedüngt werden, bevor Sie die Früchte ernten können. Für die Kontaktpflege bedeutet das: Denken Sie nicht erst dann an Ihre Netzwerkpartner, wenn Sie etwas von ihnen brauchen. Bringen Sie sich immer wieder in Erinnerung und pflegen Sie die Beziehung.

Kontaktpflege

Persönliche Kontakte zu Personen, die im selben Gebäude arbeiten, lassen sich relativ leicht pflegen. Sie können sich zum Kaffee oder zum Mittagessen verabreden, einfach mal für zwei Minuten im Büro vorbeischauen oder Meetings für einen kurzen persönlichen Austausch nutzen. Wenn Sie wissen, wann Ihre Kollegen Geburtstag haben, sollten Sie daran denken, ihnen möglichst persönlich zu gratulieren.

Ein Netzwerk ist dazu da, dass man sich gegenseitig hilft. Fragen Sie Ihre Netzwerkpartner um Rat. Jede Bitte um Unterstützung ist auch gleichzeitig ein Mittel der Beziehungspflege. Verbinden Sie eine Bitte immer mit etwas, das die Beziehung aufrechterhält. Achten Sie immer darauf, dass sich andere nicht ausgenutzt fühlen, indem Sie beispielsweise persönlich vorbeikommen oder anrufen, statt in einer E-Mail um etwas zu bitten. Netzwerkpartner schätzen die persönliche Beziehung. Wenn Sie die Gelegenheit dazu haben, eignet sich auch ein gemeinsames Mittagessen gut, um eine Bitte vorzubringen.

Menschen helfen einander gerne, solange die Bitten angemessen sind. Formulieren Sie Ihre Anliegen immer so, dass der andere Ihre Bitte gut annehmen, aber auch ablehnen kann. Denn nicht immer haben Ihre Netzwerkpartner Zeit, Ihnen zu helfen. Bitten Sie um eine umfangreichere Hilfeleistungen, dann sollten Sie Ihr Problem so schildern, dass Ihr Netzwerkpartner die Möglichkeit hat, Ihnen von selbst Hilfe anzubieten.

Networking-regeln Networking funktioniert, weil sich alle Netzwerkmitglieder an die ungeschriebenen Regeln im Netzwerk halten. Die wichtigsten Regeln für erfolgreiches Networking sind:

Zeigen Sie gute Manieren: Achten Sie auf ein höfliches, der Situation angemessenes Verhalten.

Seien Sie aufmerksam: Versetzen Sie sich in die Situation Ihres Netzwerkpartners und respektieren Sie dessen Ansichten und Bedürfnisse.

Seien Sie zuverlässig: Geben Sie nur Versprechen, die Sie auch halten können. Halten Sie sich an Vereinbarungen und seien Sie pünktlich.

Gehen Sie in Vorleistung: Kleine Gefälligkeiten sind wichtig für die Pflege der Beziehung. Zeigen Sie dem anderen, dass Sie an ihn denken. Das Geben und Nehmen in einem Netzwerk fängt immer mit dem Geben an.

Be- und verurteilen Sie keine Netzwerkpartner: Halten Sie sich mit Urteilen zurück, wenn Sie über Dritte sprechen. Kritik ist in einem Netzwerk ein Tabu. Sprechen Sie stattdessen positiv über Ihre Netzwerkpartner.

Nutzen Sie die Beziehungen nicht einseitig nur zu Ihrem Vorteil: Wenn Ihre Partner merken, dass Sie Networking nur aus Eigennutz betreiben, werden sie den Kontakt abbrechen.

Seien Sie aktiv: Kontakte entstehen nicht von allein und müssen auch aktiv aufrechterhalten werden. Sie müssen diese aktiv herbeiführen und pflegen. Ihr Netzwerk lebt von der Energie, die Sie für Ihr Netzwerk aufbringen.

Suchen Sie nach Gemeinsamkeiten: Gemeinsamkeiten zwischen den Netzwerkpartnern sind das verbindende Element im Netzwerk. Sie machen Ihr Netzwerk stabil.

Verschwimmende Grenzen in virtuellen Netzwerken

Zu Beginn meiner Berufslaufbahn bestanden firmeninterne Netzwerke nur aus realweltlichen Kontakten, virtuelle Netzwerke wie Facebook, XING und LinkedIn gab es noch nicht. Die ersten Netzwerke im Internet, die auf berufliche Kontakte spezialisiert waren, wurden zu Beginn oft nur für Kontakte außerhalb des Unternehmens genutzt, bevor auch Kollegen begannen, sich untereinander auf XING und LinkedIn, gelegentlich auch auf Facebook, zu vernetzen. Mittlerweile verschwimmen auf diese Weise die Grenzen zwischen internen und externen Netzwerken, man ist mit Kollegen, ehemaligen Kollegen und externen Geschäftspartnern digital vernetzt.

Längst ist es auch selbstverständlich, in mehreren virtuellen Netzwerken aktiv zu sein, wobei man häufig mit denselben Personen auf unterschiedlichen Plattformen vernetzt ist. Dabei verschwimmt nicht selten auch die Grenze zwischen beruflichen und privaten Netzwerken. Facebook spielt dabei eine besondere Rolle, da auf dieser ursprünglich rein privat genutzten Plattform zunehmend auch Kontakte zu Kollegen gepflegt werden. Auf diese Weise können Ihre Kollegen etwas von Ihrem Privatleben erfahren und Ihre Freunde erhalten Einblicke in Ihr Berufsleben. Das ist mit Vorteilen, aber auch mit Nachteilen verbunden: So können sich Ihnen auch über freundschaftliche Kontakte neue Karriereoptionen eröffnen, zugleich können private Fotos und unbedachte Meinungsäußerungen bei Ihren Kollegen am Arbeitsplatz auf Ablehnung stoßen.

Gerade wenn Sie mehrere virtuelle Netzwerke nutzen und auf den Plattformen sehr aktiv sind, müssen Sie Ihre Auftritte bewusst managen. Sie tun dies auch im Hinblick auf Ihre Karriere. Dass das Leben Einzelner durch die digitale Vernetzung immer transparenter wird, ist eine Entwicklung, die nicht mehr aufzuhalten ist. Damit sind Chancen, aber auch Risiken verbunden. Machen Sie sich bewusst, dass alles, was Sie im Netz von sich preisgeben, nicht so schnell wieder vergessen wird und daher auch Einfluss auf Ihr späteres Leben und Ihre Karriere haben kann.

Den Auftritt in virtuellen Netzwerken managen

Sie werden durch die Mitgliedschaft in einem Netzwerk zu einer öffentlichen Person. Dieser Tatsache sollten Sie sich bereits bei der Gestaltung Ihres Profils bewusst sein. Stellen Sie nur Inhalte ins Netz, die Sie Ihren Kollegen im Unternehmen auch bedenkenlos persönlich erzählen könnten. Vermeiden Sie außerdem widersprüchliche Angaben, da Sie dadurch wenig vertrauenswürdig erscheinen.

Das Unternehmen repräsentieren
Seien Sie in allen Netzwerken loyal zu Ihrem Unternehmen. Insgeheim hofft Ihr Arbeitgeber darauf, dass Sie Ihr privates Netzwerk nutzen, um Werbung für ihn zu machen. Aber selbst wenn Sie dies nicht tun oder tun wollen, repräsentieren Sie auch in Ihrem privaten Netzwerk Ihr Unternehmen. Sie sollten also auf negative Äußerungen über Ihr Unternehmen im öffentlichen Raum des Internets grundsätzlich verzichten.

Ein absolutes Tabu ist die Preisgabe von firmeninternem Wissen. In einen solchen Konflikt können Sie schneller geraten, als Sie vielleicht denken. Ein Netzwerkpartner, mit dem Sie sich gut verstehen, fragt nach einem Kontakt im Unternehmen. Gerne helfen Sie ihm, denn Sie kennen ja die internen Strukturen. Und schon haben Sie den Datenschutz im Unternehmen verletzt. Die Preisgabe von firmeninternem Wissen ist kein Kavaliersdelikt, sondern eine Straftat.

Hierarchische Beziehungen beachten
Der Umgang mit hierarchischen Beziehungen in digitalen Netzwerken ist kompliziert, da diese an sich keine Hierarchien kennen. Ihr Chef oder sogar der Leiter des Unternehmens steht hier mit Ihnen auf einer Ebene, obwohl diese Beziehung im Unternehmen durch eine große Distanz geprägt ist. Um hier einen Fauxpas zu vermeiden, sollten Sie die gleichen Regeln beachten, die auch in Ihrem Unternehmen gelten. Wenn es dort nicht gern gesehen ist, dass Sie einen persönlichen Kontakt zum Vorgesetzten Ihres Chefs haben, dann sollten Sie auch auf XING oder LinkedIn keinen Kontakt aufnehmen, es sei denn, die Initiative geht von der ranghöheren Person aus.

Netzwerke wie XING oder LinkedIn haben den Vorteil, dass Sie auch zu ehemaligen Kollegen den Kontakt halten können und über deren berufliche Entwicklung informiert sind. Umgekehrt sind andere über Ihre berufliche Entwicklung informiert. Ihr Profil weckt vielleicht Interesse, sodass Sie möglicherweise sogar attraktive Stellenangebote erhalten.

In Kontakt bleiben

Wenn Sie umsichtig mit Ihren Netzwerken umgehen, dann hat die Verbindung von realweltlichen und virtuellen Netzwerken viele Vorteile. Sie können sich über virtuelle Netzwerke mit Ihren Kollegen verbinden und erfahren so, wie sich deren Karriere, aber auch ihr Privatleben entwickelt. Sie bleiben up to date, selbst wenn Sie Kollegen lange nicht gesehen haben. Gerade das Verschwimmen der Grenzen zwischen beruflichen und privaten, realweltlichen und virtuellen Netzwerken wird vermutlich eine spannendsten Entwicklungen in Ihrem Berufsleben sein.

> ### Tipps für Ihren Erfolg
>
>
>
> Bauen Sie sich ein firmeninternes Netzwerk auf. So erweitern Sie Ihr bestehendes Netzwerk durch firmeninterne Kontakte.
>
> Als guter Netzwerker sind Sie aktiv, das heißt Sie suchen Kontakte zu Kollegen, zeigen Interesse und sind ein interessanter Gesprächspartner.
>
> Trainieren Sie Ihre Menschenkenntnis, damit Sie andere besser einschätzen und sich auf deren Verhalten einstellen können.
>
> Analysieren Sie Ihr Netzwerk mit einem Mindmap. Damit finden Sie heraus, wie Sie Ihr Netzwerk ausbauen können.
>
> Pflegen Sie Ihre Netzwerkkontakte regelmäßig, um sicherzustellen, dass Sie sich auf diese verlassen können.
>
> Achten Sie darauf, dass Sie sich in Ihren öffentlichen Netzwerken so präsentieren, dass dies im Unternehmen kein schlechtes Licht auf Sie wirft, und geben Sie keinesfalls interne Informationen preis.

Die ersten drei Jahre: Sich im Unternehmen etablieren

Mit jedem Monat sind Sie ein Stück mehr mit Ihrem Unternehmen zusammengewachsen. Sie können von sich sagen, dass Ihnen die Arbeit Spaß macht, auch wenn Sie sich hin und wieder über das Eine oder Andere ärgern. Sie haben sich Ihren Platz erobert.

Weiterbildung Jetzt kommt es darauf an, dass Sie Ihre Position ausbauen und sich mithilfe der Möglichkeiten, die Ihnen Ihr Unternehmen bietet, kontinuierlich weiterentwickeln. Es ist nicht nur in Ihrem eigenen Interesse, sondern auch im Interesse des Unternehmens, dass Sie Weiterbildungsangebote nutzen und Ihre Kompetenzen erweitern. Auf diese Weise können Sie immer neue Aufgaben übernehmen.

Personalgespräche Die Basis für Ihre gelungene berufliche Entwicklung sind die Personalgespräche mit Ihrer Führungskraft. Sie geben Ihnen ein Feedback, das Ihnen zeigt, wo Sie im Augenblick stehen, und sind die Plattform, auf der Sie Ihre Wünsche mit den Vorstellungen des Unternehmens in Übereinstimmung bringen.

Verhandeln Nicht immer sind Ihre Interessen mit denen Ihres Unternehmens oder Ihrer Kollegen identisch. Um Sie dennoch durchzusetzen, benötigen Sie Verhandlungsgeschick. Dabei geht es keineswegs darum, Ihren Verhandlungspartner über den Tisch zu ziehen, sondern darum, gemeinsam Lösungen zu finden, um unterschiedliche Interessen zu vereinbaren.

Personal Branding Auch wenn Sie im Unternehmen etabliert sind, kann es sein, dass Sie sich irgendwann nach einem neuen Job umsehen müssen oder wollen. Wenn Sie sich einen guten Ruf erworben haben, werden Bewerbungen leichter.

Weiterbildung: Die eigenen Kompetenzen systematisch erweitern

Es ist von grundlegender Bedeutung, jedes Jahr mehr zu lernen als im Jahr davor.

Sir Peter Ustinov,
englischer Schriftsteller und Schauspieler

Ihre Schulzeit und Ihre Ausbildung oder Ihr Studium waren der Anfang eines Lernprozesses, der sich während Ihres Berufslebens weiter fortsetzt. An Sie werden immer neue Anforderungen gestellt werden, neue wissenschaftliche Erkenntnisse wirken sich auf Ihre Arbeit aus, Ihr Tätigkeitsfeld erweitert sich oder Sie möchten von sich aus neue Expertise erwerben. Gerade beim Berufseinstieg werden Sie feststellen, dass Ihnen noch spezifisches Wissen für Ihr Tätigkeitsgebiet fehlt. Je schneller Sie sich dieses aneignen, umso besser können Sie Ihren Job ausüben. Ihr Unternehmen unterstützt Sie in Regel dabei, sich über Kurse und Seminare neues Wissen und neue Fähigkeiten anzueignen. Darüber hinaus gibt es noch viele andere Möglichkeiten, sich fachlich fit zu halten.

In diesem Kapitel erhalten Sie Antworten auf die folgenden Fragen:

- Wie stelle ich fest, welche Kenntnisse mir fehlen?
- Welche Kompetenzen sollte ich besitzen?
- Welche Angebote kann ich nutzen?
- Welche Zusatzqualifikationen sind sinnvoll?

Die eigenen Kompetenzen analysieren und erweitern

Wer mehr weiß und mehr kann, hat eindeutig die besseren beruflichen Chancen. Aber damit daraus ein möglichst unverwechselbares Kompetenzprofil wird, müssen Sie sich ständig weiterbilden und weiterentwickeln, um ein Spezialist auf Ihrem Gebiet zu werden. Diesen Prozess bezeichnet man als Qualifizierung.

Unter Qualifizierung versteht man das Erlangen von Fähigkeiten, mit denen eine berufliche Aufgabe ausgeführt werden kann. Sich kontinuierlich im eigenen Fachgebiet weiterzubilden, ist die Grundlage für beruflichen Erfolg.

Weiterbildung Unternehmen sind daran interessiert, dass ihre Mitarbeiter sich weiterbilden und weiterentwickeln. Sie sind darüber hinaus sogar durch das Betriebsverfassungsgesetz dazu verpflichtet, durch eine sogenannte betriebliche Weiterbildung ihren Mitarbeitern die für ihre Aufgaben erforderlichen Fähigkeiten zu vermitteln.

Doch die betriebliche Weiterbildung reicht oft nicht aus, um langfristig Kompetenz im eigenen Fachgebiet aufzubauen. Diese Kompetenz können Sie durch ein Studium, den Erwerb von Zertifikaten oder eine Zusatzausbildung erlangen. Achten Sie darauf, dass Sie die hier erworbenen Kenntnisse möglichst schnell im Beruf einbringen können. Interessant sind vor allem Angebote, durch die sich Ihnen neue berufliche Möglichkeiten eröffnen.

Gehen Sie bei der Planung Ihrer Weiterbildung systematisch vor. Bevor Sie sich für eine Weiterbildungsmaßnahme entscheiden, sollten Sie ermitteln, welche Kompetenzen Sie beruflich weiterbringen. Auf folgenden Wegen können Sie das erfahren:

- **Tätigkeitsbeschreibungen und Jobprofile:** Informieren Sie sich, ob es für Ihren Job Tätigkeits- oder Jobprofile gibt. In diesen werden die Tätigkeiten beschrieben und oft auch die dafür erforderlichen Kompetenzen.
- **Entwicklungsgespräch mit Ihrer Führungskraft:** Viele Unternehmen haben sogenannte Entwicklungsgespräche eingeführt, in denen die Führungskraft ihren Mitarbeitern ein Feedback über deren Leistung gibt, aber auch mit ihnen bespricht, wie sie sich weiterentwickeln können.
- **Gespräche mit Kollegen:** Fragen Sie Ihre Kollegen, wie diese sich die Kompetenzen für ihre Tätigkeit aneignet haben. Sie können Ihnen oft geeignete Seminare und Trainings empfehlen.

Welche Kompetenzen benötigen Sie?

- Welche Aufgaben habe ich?
- Welche meiner Tätigkeiten kann ich bereits gut erledigen?
- Wo muss ich noch dazulernen?
- Welche Kompetenzen besitze ich und welche muss ich noch ausbauen?
- Was möchte ich durch Weiterbildung erreichen?

Wenn Sie sich einen Überblick über die Kompetenzen verschafft haben, die Sie erwerben sollen oder erwerben wollen, können Sie sie mit Blick auf die folgenden Aspekte genauer analysieren.

Kompetenzanalyse

Ausgleich von Basiskompetenzen: Fehlen Ihnen grundlegende Kompetenzen für Ihr Tätigkeitsfeld, dann sollten Sie eine entsprechende Qualifizierungsmaßnahme besuchen. Besonders hilfreich sind hier Angebote Ihres Unternehmens, in denen auch firmenspezifische Besonderheiten vermittelt werden.

Soft Skills aneignen: Wenn Sie fachlich fit sind, aber Ihre persönlichen und sozialen Kompetenzen ausbauen wollen, dann sollten Sie ein Soft-Skill-Training besuchen. Dort lernen Sie präsentieren, moderieren, verhandeln oder den Umgang mit Konflikten.

Spezialwissen erwerben: Stellen Sie fest, dass Sie in speziellen Themen Ihres Fachgebietes noch Lücken haben, dann suchen Sie gezielt nach entsprechenden Qualifizierungsmöglichkeiten.

Neues Berufsfeld anstreben: Falls Sie ein anderes Tätigkeitsfeld anstreben, dann bereiten Sie sich gezielt darauf vor, indem Sie das dafür erforderliche Fachwissen erwerben und sich die notwendigen Fähigkeiten aneignen.

Besonders gute Karrierechancen haben Sie in einem Unternehmen, wenn Sie zu den sogenannten Talenten gehören. Dies sind Mitarbeiter mit besonders hohem Entwicklungspotenzial. Es sind diejenigen, denen die Führungskraft zutraut, zu Top-Experten zu werden, oder die das Potenzial für eine Führungsposition haben. Diesen Nachwuchstalenten werden dann spezielle Förderprogramme angeboten.

Talentförderung

Entwickeln Sie Ihre Schlüsselkompetenzen

Fast in jeder Stellenausschreibung werden von Bewerben neben den für die Stelle erforderlichen Kenntnissen noch weitere Kompetenzen gefordert: Er soll zielstrebig, ausdauernd und geistig beweglich sein, in Zusammenhängen denken können, teamfähig und lernbereit sein. Diese Kompetenzen bezeichnet man auch als Schlüsselqualifikationen oder Schlüsselkompetenzen.

Handlungskompetenz

Der Begriff Handlungskompetenz beschreibt die Fähigkeiten, die ein Mitarbeiter benötigt, damit er seinen Job ausführen kann. Die Handlungskompetenz besteht aus drei unterschiedlichen Kompetenzen: Fachwissen, Methodenkompetenz und den sogenannten Soft Skills, die soziale und persönliche Kompetenzen umfassen. Der Zusammenhang zwischen den unterschiedlichen Kompetenzen ist in Abbildung 15 dargestellt.

Abbildung 15: Fachwissen, Methodenkompetenz und Soft Skills machen die Handlungskompetenz aus.

Fachwissen

Zum Fachwissen gehören alle Wissensgebiete, die für einen Beruf oder ein Themengebiet eine Rolle spielen. Fachwissen ist erlernbar und wird in der Ausbildung und der betrieblichen Weiterbildung erworben.

Methodenkompetenz

Methodische Fähigkeiten werden gebraucht, um eine Fachaufgabe zu lösen. Fachwissen bezieht sich auf das „Was", Methodenkompetenz auf das „Wie" zur Lösung einer Aufgabe. Dazu gehören Fähigkeiten wie geistige Beweglichkeit, Denken in Zusammenhängen, Realitätssinn sowie Problem- und Ergebnisorientierung.

Soft Skills

Für viele Tätigkeiten reichen Fachwissen und methodische Fähigkeiten nicht aus. Die Arbeitsaufgabe kann nur in der Zusammenarbeit mit anderen Experten erledigt werden. Dazu brauchen Sie Soft Skills, also Fähigkeiten, die Ihnen im Umgang mit anderen Menschen helfen. Dazu gehören soziale Kompetenzen wie kommunikative Fähigkeiten, Durchsetzungskraft, Teamfähigkeit, Kooperationsbereitschaft, Konfliktfähigkeit und Empathie, aber auch persönliche Kompetenzen wie Selbstentwicklung, Selbstreflexion, Leistungsbereitschaft, Fantasie, Kreativität sowie Motivation und Eigeninitiative.

Die Vielzahl der Qualifizierungsangebote nutzen

Das Spektrum der Weiterbildungsmöglichkeiten wächst ständig. Klassische Seminare werden ergänzt durch vielfältige E-Learning-Angebote. Auch im Internet können Sie Lernangebote finden, die Sie für Ihren Job nutzen können. Hinzu kommen Simulationen, Reality Trainings und vieles andere mehr.

Off-the-Job-Trainings

Klassische Seminare und Trainings sind sogenannte Off-the-Job-Qualifizierungen, weil sie außerhalb des Arbeitsumfeldes stattfinden. Dies hat den Vorteil, dass Sie sich besser auf das Lernen konzentrieren können, aber den Nachteil, dass Sie bei der Umsetzung des Wissens, dem Transfer auf Ihre konkrete Aufgabe, auf sich allein gestellt sind. Diese Qualifizierungsmaßnahmen geben Impulse, aber die Kompetenz für Ihren Job erwerben Sie erst durch die Umsetzung am Arbeitsplatz.

E-Learning-Angebote Bei E-Learning-Angeboten werden elektronische oder digitale Medien für die Präsentation und Verteilung von Lernmaterialien eingesetzt. Dazu zählen Lernformen, bei denen Sie allein am Computer, Laptop oder Tablet arbeiten, aber auch Web-Seminare, sogenannte Webinare, bei denen Sie in einem virtuellen Klassenraum mit dem Trainer kommunizieren. Die folgende Aufzählung enthält die wichtigsten E-Learning-Angebote:

WBT (Web based Training): Hinter diesem Schlagwort verbergen sich Lerneinheiten, die im Internet angeboten werden. Dabei arbeitet der Lernende eine Lektion an seinem Bildschirm durch. WBTs enthalten auch interaktive Elemente, bei denen Fragen beantwortet oder Übungen durchgearbeitet werden.

Webinar: Dies sind ca. einstündige Veranstaltungen im Internet. Die Teilnehmer kommen in einem virtuellen Klassenraum zusammen und der Trainer vermittelt die Inhalte über eine Lernplattform. Über Chats und Umfragen wird das Webinar interaktiv gestaltet.

Blended Learning: Dies ist eine Kombination aus WBTs, Webinaren und Präsenzveranstaltungen.

Weitere Lernangebote im Internet: Das Internet entwickelt sich immer mehr zu einer Lernplattform. Es gibt Anbieter, die ihr Wissen auf einer Website präsentieren oder auch als Video bereitstellen.

On-the-Job-Qualifizierung Bei sogenannten On-the-Job-Qualifizierungsmaßnahmen steht der Lerntransfer im Vordergrund. Denn die Lerninhalte werden direkt am Arbeitsplatz vermittelt. Dazu gibt es die folgenden Möglichkeiten:

Jobrotation: Die Idee der Jobrotation ist, dass der Mitarbeiter zeitweise in einer anderen Abteilung oder auch im Ausland arbeitet. Man übt die gleiche Tätigkeit aus, aber in einer anderen Umgebung, um neues Wissen zu erwerben, den Erfahrungshorizont zu erweitern und anschließend neue Aufgaben zu übernehmen.

Mentoring: Beim Mentoring fördert ein Fachexperte die Entwicklung eines Mitarbeiters. Dadurch knüpft der als Mentee bezeichnete Mitarbeiter Kontakte zur Fachcommunity und zu anderen Spezialisten im Unternehmen. Durch Mentoring werden Experten häufig auf eine Führungskarriere vorbereitet.

Coaching: Beim Coaching berät ein erfahrener Mitarbeiter einen anderen Mitarbeiter bei einer konkreten Aufgabenstellung. Es kann dabei sowohl um fachliche als auch um methodische Fragen gehen.

Job-Enlargement: Soll ein Mitarbeiter eine neue Tätigkeit auf Dauer übernehmen, so kann er in einem Job-Enlargement die dafür erforderlichen Kompetenzen erwerben. Er wird dann durch ein Training auf die Aufgabe vorbereitet und durch ein Coaching in der Anfangsphase begleitet. Der Mitarbeiter übernimmt dabei die Aufgaben schrittweise, sodass er langsam hineinwächst.

Job-Enrichment: Mitarbeitern mit einem hohen Entwicklungspotenzial kann durch Job-Enrichment eine anspruchsvollere Aufgabe übertragen werden. Dabei handelt es sich nicht nur um eine Qualifizierung, sondern auch um eine Maßnahme zur Motivation des Mitarbeiters.

So finden Sie die passende Qualifizierungsmaßnahme:

- In welcher Lernform kann die Kompetenz am besten erworben werden?
- Welche Anbieter gibt es?
- Wie gut deckt das Angebot die Lernwünsche ab?
- Ist der Anbieter in Fachkreisen bekannt und anerkannt?
- Ist das Lernangebot ausführlich beschrieben?
- Stimmt das Preis-Leistungs-Verhältnis?

Verlassen Sie sich nicht darauf, dass Ihnen Ihr Arbeitgeber alle Qualifizierungsmaßnahmen bezahlt. Dies gilt vor allem für solche Maßnahmen, bei denen Sie sich grundlegende Kompetenzen in einem Fachgebiet aneignen, aber auch für den Ausbau Ihrer Soft Skills und der Schlüsselkompetenzen. Volkshochschulen, Industrie- und Handelskammern bieten solche Kurse zu relativ niedrigen Preisen an. In einigen Bundesländern können Sie dazu auch Angebote im Rahmen eines Bildungsurlaubs nutzen. Beim Bildungsurlaub bezahlen Sie den Kurs und der Arbeitgeber gibt Ihnen dafür Urlaub.

Mehr Ansehen gewinnen durch Zusatzqualifikationen

Zusatzqualifikationen verbessern die Chancen auf attraktivere Stellen. Sie erwerben ein breiteres Grundlagenwissen und erweitern Ihr Netzwerk um Gleichgesinnte aus anderen Unternehmen. Hochschulen, Fachhochschulen, Business Schools oder Berufsakademien bieten Zusatzqualifikationen an. Sie vermitteln ein fundiertes Wissen, die Abschlüsse sind anerkannt und mit einem akademischen Grad oder Titel verbunden.

Selbst wenn die Bedeutung von Titeln nicht mehr so hoch ist wie in früheren Zeiten, löst doch ein „Dr. re. nat." eine andere Assoziation aus als ein „Dipl. Ing. (FH)". Titel zeigen, was man erreicht hat. Unbewusst schreibt man dem Träger eines Titels eine hohe Fachkompetenz zu und bewertet die Person positiv.

Die Möglichkeiten für eine Zusatzqualifizierung sind vielfältig. Welcher Weg für Sie in Frage kommt, hängt von Ihrer bisherigen Ausbildung und Ihren beruflichen Zielen ab.

Studium Wenn Sie Ihre Fachkenntnisse in einer Berufsausbildung erworben haben, können Sie in vielen Berufen Ihre Karriereaussichten verbessern, indem Sie ein Studium absolvieren. Insbesondere Fachhochschulen bieten anwendungsorientierte Studiengänge an. Voraussetzung für ein Studium ist ein Abitur oder Fachabitur, das Sie auch auf einer Abendschule erwerben können. Manche Studiengänge können auch ohne Abitur studiert werden, wenn eine entsprechende berufliche Qualifizierung vorliegt. Es auch möglich, berufsbegleitend zu studieren. Bedenken Sie aber, dass ein berufsbegleitendes Studium Ihnen einen großen Arbeitsaufwand neben Ihrer eigentlichen beruflichen Tätigkeit abverlangt.

Promotion Eine Promotion ist für viele Studenten ein Traum, dem sie noch in ihrem Berufsleben nachhängen. In der beruflichen Wirklichkeit ist der Doktortitel jedoch kein Garant dafür, dass man schneller die Karriereleiter hinaufklettert. Förderlich ist er vor allem dann, wenn Sie in einem praxisorientierten Thema promoviert haben, das für Ihr Unternehmen interessant ist. Damit haben Sie eine einzigartige Fachexpertise. Zudem gilt jede Promotion auch als Indiz dafür, dass Sie zielstrebig sind und Durchhaltevermögen haben. Nicht zuletzt bedeutet der Doktortitel einen Prestigegewinn, insbesondere in den höheren Karrierestufen.

Ursprünglich war der Master of Business Administration (MBA) für Betriebswirte entwickelt worden. Inzwischen ist er jedoch auch für andere Berufsgruppen eine wichtige Zusatzqualifikation. Ein MBA-Studiengang setzt bereits eine zwei- bis dreijährige Berufserfahrung voraus. Mit einem MBA steigen Ihre Aufstiegschancen deutlich, wenn betriebswirtschaftliche Kenntnisse als Zusatz zur Fachqualifikation gefragt sind.
MBA

Universitäten und Fachhochschulen bieten postgraduale Studiengänge an, die bereits einen Studienabschluss voraussetzen. Sie sind fast genauso aufwendig wie Promotionen oder MBA-Studiengänge. Damit erwerben Sie jedoch ein zweites Standbein und können sich mit Ihrer zusätzlichen Kompetenz neue berufliche Chancen erschließen. Ein postgraduales Studium ist auch dann sinnvoll, wenn Sie merken, dass Sie sich beruflich umorientieren wollen. Sie können viele Studiengänge auch in Form eines Fernstudiums absolvieren, bei dem Sie in weitgehend freier Zeiteinteilung von zu Hause aus studieren.
Postgraduales Studium und Fernstudium

Träger von Berufsakademien sind Wirtschaftsverbände, die Industrie oder Kommunen. Akademien gibt es für fast alle Bereiche und sie haben ein umfangreiches Angebot. Neben Weiterbildungsprogrammen, die mit einem Titel der Akademie abschließen, werden auch Seminare und Lehrgänge zu Spezialthemen angeboten. Den Unterricht gestalten Professoren und Praktiker aus der Wirtschaft. Typisch für Akademien ist ein hoher Praxisbezug. Die Abschlüsse und Zertifikate sind in der jeweiligen Branche anerkannt.
Akademien

Zertifikate sind ein Nachweis, dass der Zertifikatsinhaber ein bestimmtes Fachwissen erworben hat oder eine bestimmte Aufgabe ausführen kann. Sie sind vor allem dort wichtig, wo Hochschulen keine entsprechenden Titel vergeben. Ein Zertifikat wirkt vor allem nach außen. Es gibt Ihrem Arbeitgeber, aber auch Kunden mehr Sicherheit, die richtige Frau oder den richtigen Mann befördert oder beauftragt zu haben.

Die Entscheidung für eine Zusatzausbildung sollte gut überlegt sein. Denn die intensive Auseinandersetzung mit anspruchsvollen Themen kostet Zeit und erfordert Durchhaltevermögen. Die folgende Selbstreflexion soll Ihnen helfen, hier die richtige Entscheidung zu treffen. Je mehr Fragen Sie mit „Ja" beantworten können, desto größer sind die Chancen, dass Sie die Zusatzausbildung erfolgreich meistern.

Ist eine Zusatzausbildung für Sie sinnvoll?

- Bringt die Zusatzqualifikation einen deutlichen Nutzen für Ihre Karriere?
- Haben Sie die persönlichen Voraussetzungen für ein Studium, eine Promotion, den MBA, ein zusätzliches Studium oder ein Zertifikat?
- Lässt sich die Zusatzausbildung mit dem Beruf vereinbaren?
- Werden Sie von Ihrem Arbeitgeber unterstützt?
- Ist die Finanzierung gesichert?
- Haben Sie das Durchhaltevermögen?
- Lernen Sie gerne?
- Werden Sie von Ihrer Familie, Ihrem Partner und von Freunden unterstützt?

Tipps für Ihren Erfolg

Finden Sie durch Jobprofile und Gespräche mit Ihrer Führungskraft und Kollegen heraus, welche Kompetenzen Sie für Ihren Beruf noch benötigen. Dies ist die Basis, um sich gezielt weiterzuentwickeln.

Entwickeln Sie Ihre Schlüsselkompetenzen. Damit stellen Sie sich schnell und flexibel auf neue berufliche Herausforderungen ein.

Nutzen Sie die Qualifizierungsangebote Ihres Arbeitgebers und suchen Sie gezielt nach weiteren geeigneten Angeboten.

Überlegen Sie, ob es für Sie sinnvoll ist, Ihr Wissen durch eine Zusatzausbildung zu erweitern, um Ihre Karriereaussichten zu erhöhen.

Personalgespräche:
Die gute Beziehung zum Chef

*Nicht das, was ich erreicht habe, interessiert mich,
sondern das, was noch vor mir liegt.*

KARL LAGERFELD, DEUTSCHER MODESCHÖPFER

Ihr Chef ist eine Schlüsselfigur für Ihre Karriere. Wenn er Ihnen anspruchsvolle Aufgaben gibt und Sie unterstützt, können Sie sich fachlich entwickeln und im Unternehmen positionieren. Sie zu unterstützen, ist die Aufgabe Ihres Chefs, doch mit wie viel Engagement er dies tut, hängt von Ihrem Verhältnis zu ihm ab. Hier spielen Sympathie und Antipathie eine Rolle. Wenn die Chemie stimmt, kann es sehr gut laufen, wenn nicht, dann stehen Sie schlimmstenfalls in einer ständigen Auseinandersetzung mit Ihrem Chef. Sie können allerdings selbst viel dazu beitragen, dass Sie eine gute Beziehung zu Ihrem Chef haben.

In diesem Kapitel erhalten Sie Antworten auf die folgenden Fragen:

- Was zeichnet eine gute Führungskraft aus?
- Wie gestalte ich erfolgreich die Beziehung zu meinem Chef?
- Wie führe ich Personalgespräche mit meiner Führungskraft?

Erfolg durch eine gute Führungsbeziehung

Ich kenne Mitarbeiter, die durch ihre Führungskräfte erfolgreich geworden sind. Sie folgten ihrer Führungskraft auf Schritt und Tritt die Karriereleiter hinauf. Es sind erfolgreiche Beziehungen, in denen der Mitarbeiter seine Führungskraft gut unterstützt und sich die Führungskraft dadurch bedankt, dass sie die Karriere des Mitarbeiters fördert.

Führungsbeziehungen in einer Organisation regeln, wer wen in welcher Weise steuert. Die höhere Führungsebene führt die unmittelbar darunter liegende und so weiter, bis am Ende ein Abteilungsleiter oder ein Teamleiter die Mitarbeiter eines Teams führt. Dadurch entsteht eine Hierarchie von Führungsbeziehungen. Die Aufgabe der Führungskraft ist, das Handeln der Mitarbeiter so zu

Definition Führung

beeinflussen, dass sie ihre Aufgabe in der Abteilung oder im Team so erfüllen, dass dadurch das Abteilungs- oder Teamziel erreicht wird.

....

Durch Führung wirkt die Führungskraft richtungsweisend und steuernd auf die Mitarbeiter ein, damit diese das Abteilungs- oder Teamziel erreichen. Voraussetzung dafür ist die Ungleichheit zwischen Projektleiter und Projektmitarbeiter. Beide stehen in einem Verhältnis der Über- bzw. Unterordnung zueinander.

....

Führung ist eine Interaktion zwischen der Führungskraft und ihren Mitarbeitern. Stimmen die Ziele, Bedürfnisse und Vorstellungen der Führungskraft mit denen der Mitarbeiter überein, dann ist die Führungsbeziehung unproblematisch: Die Mitarbeiter tun das, was der Chef sagt, und fühlen sich dabei in der Abteilung oder im Team wohl. Konflikte entstehen, wenn die Ziele und Interessen zwischen Führungskraft und Mitarbeiter unterschiedlich sind. Die Verantwortung für die Führungsbeziehung trägt in erster Linie die Führungskraft. Bei Konflikten sollte sie die Initiative ergreifen und nach Lösungen suchen. Doch auch Sie als Mitarbeiter sollten bei unterschiedlichen Interessen nach Lösungen suchen. Denn nur wenn beide, Führungskraft und Mitarbeiter, kooperieren, können sie eine für beide Seiten erfolgreiche Führungsbeziehung gestalten.

Formelle Macht der Führungskräfte

Organisationen verleihen Führungskräften eine formelle Macht über die ihnen anvertrauten Mitarbeiter. Dies zeigt sich in den folgenden Führungsinstrumenten:

Einstellung und Entlassungen: Führungskräfte entscheiden direkt oder indirekt, welchen Mitarbeiter sie einstellen oder entlassen. Direkt entscheiden Führungskräfte, wenn sie eine Prokura haben und Einstellungen und Entlassungen vornehmen können, ohne ihre eigene Führungskraft oder die Personalabteilung einzubeziehen. Dabei müssen sie sich natürlich an die Bestimmungen des Betriebsverfassungsgesetzes halten und dürfen Einstellungen und Entlassungen nicht willkürlich vornehmen.

Anweisungen erteilen: Führungskräfte können Mitarbeitern Anweisungen erteilen. Diese müssen die Mitarbeiter befolgen, sofern sie im Rahmen ihrer Tätigkeit liegen und im Rahmen der Gesetze sind. Werden Anweisungen nicht befolgt, dann kann die Führungskraft Mitarbeiter abmahnen. Die Folge ist ein Eintrag in die Personalakte, indem die Arbeitsverweigerung festgehalten wird. Bei drei Abmahnungen kann ein Mitarbeiter ohne weiteren Grund gekündigt werden.

Entscheidungen fällen: Führungskräfte sind für die Abteilung und das Team verantwortlich und fällen alle damit verbundenen Entscheidungen. An diese sind dann alle Team- oder Abteilungsmitglieder gebunden.

Beurteilung: Führungskräfte beurteilen, wie gut Mitarbeiter ihre Aufgaben erfüllen. Die meisten Unternehmen haben Beurteilungssysteme, die sicherstellen, dass die Beurteilung nicht willkürlich ist.

Neben den formellen Einflussmöglichkeiten üben Führungskräfte auch durch ihre Persönlichkeit Macht auf die Mitarbeiter aus. Eine typische Führungspersönlichkeit strebt nach Macht, Prestige, Status und Ansehen. Dieses Bedürfnis ist manchmal unbewusst, prägt aber dennoch das Handeln vieler Chefs und Manager, die einiges dafür tun, um die eigene Macht zu festigen. Doch dies muss keineswegs auf Kosten der Mitarbeiter gehen, denn kluge Führungskräfte wissen, dass sie nur gemeinsam mit ihrem Team Erfolge erzielen können. Die starke Motivation einer guten Führungskraft bringt so das ganze Team voran.

Informelle Macht von Führungskräften

Ist man mit dem Verhalten einer Führungskraft nicht einverstanden, nützen Beschwerden nicht viel, es sei denn, der Chef verstößt tatsächlich gegen allgemeine oder unternehmensinterne Gesetze. In den meisten Fällen muss man jedoch den Führungsstil akzeptieren, denn aufgrund von Beschwerden wird der Chef sich selten grundlegend ändern. Besser ist es, sich auf die Führungskraft einzustellen. Ich weiß aus eigener Erfahrung, dass dies nicht immer einfach ist, aber auch, dass sich durch aktives Entgegenkommen eine erfolgreiche Führungsbeziehung gestalten lässt. Dabei sind die folgenden Verhaltensweisen hilfreich:

Unterstützen Sie Ihre Führungskraft fachlich
Führungskräfte haben nicht die Zeit, sich umfassend in alle Themen einzuarbeiten, aber um Entscheidungen fällen zu können oder ein Thema nach außen zu vertreten, müssen sie auch fachlich gut informiert sein. Hier können Sie als Mitarbeiter unterstützen: Recherchieren Sie Fakten und bereiten Sie Ihre Fachthemen so auf, dass Ihre Führungskraft sie für ihre Argumentation nutzen kann. Wenn Sie gemeinsam mit Ihrer Führungskraft in einer Besprechung sind, dann klären Sie vorher, wie Sie sich bei der Fachdiskussion verhalten sollen.

Stehen Sie loyal zu Entscheidungen
Wenn Sie eine Entscheidung Ihrer Führungskraft aus fachlicher Sicht für falsch halten, sollten Sie dennoch nach außen zu dieser Entscheidung stehen. Ihr Chef mag dafür Gründe haben, die Ihnen nicht bekannt sind. Versuchen Sie auf keinen Fall, Ihre eigene Meinung als die bessere darzustellen oder gegen den Willen Ihres Chefs durchzusetzen. Damit starten Sie einen Machtkampf, den Sie nur verlieren können.

Halten Sie den Dienstweg ein
Eine Hierarchie bildet das Machtgefüge im Unternehmen ab und Dienstwege dienen dazu, das Machtgefüge zu stabilisieren. Halten Sie sich nicht an den Dienstweg, dann greifen Sie damit das Machtgefüge an. Klären Sie Sachverhalte also zuerst mit Ihrem Chef, bevor Sie diese mit Mitarbeitern aus anderen Abteilungen besprechen. Lässt Ihnen Ihr Chef freie Hand, dann informieren Sie ihn regelmäßig über das, was Sie tun. Damit vermeiden Sie, dass er auf Sachverhalte angesprochen wird, von denen er nichts weiß.

Besprechen Sie Ihre Ideen zunächst mit Ihrem Chef
Vorgesetzte fühlen sich gedrängt, wenn sie mit Ideen und Vorschlägen konfrontiert werden und sofort etwas zum Thema sagen sollen. Es ist ihnen unangenehm, wenn sie nicht sofort eine Stellungnahme abgeben können. Kündigen Sie Ihr Anliegen also an, wenn Sie um einen Termin bitten. Dann kann sich Ihr Chef darauf einstellen. Wenn möglich schicken Sie ihm vorher Unterlagen zu, mit denen er sich vorbereiten kann. Wenn Sie gemeinsam mit Ihrer Führungskraft an einer Besprechung teilnehmen wollen, dann

besprechen Sie mit ihr vorher, welchen Beitrag Sie dort bringen möchten. Äußern Sie möglichst keine spontanen Ideen. Halten Sie sich lieber zurück und besprechen Sie Ideen zunächst mit Ihrem Chef, bevor Sie diese anderen präsentieren.

Halten Sie professionelle Distanz zu Ihrer Führungskraft
Auch wenn Sie eine gute Beziehung zu Ihrem Chef haben, heißt das nicht, dass Sie sich ihm gegenüber wie ein guter Kollege oder gar ein Freund verhalten sollten. Sie sollten das Rollenverhältnis von Führungskraft und Geführtem respektieren. Halten Sie sich deshalb immer an die Spielregeln, vor allem wenn andere Mitarbeiter dabei sind. Ein gutes Verhältnis zur Führungskraft offen zu zeigen, kann zu Rivalitäten unter Kollegen führen.

Widersprechen Sie Ihrer Führungskraft nicht öffentlich
Sie werden immer wieder eine andere Meinung haben als Ihr Chef. Besprechen Sie dies mit ihm in einem persönlichen Gespräch, aber niemals vor Dritten. Lassen Sie Ihrer Führungskraft, wenn Dritte dabei sind, das letzte Wort, auch wenn Sie anderer Meinung sind, und suchen Sie bei Bedarf im Nachhinein das Gespräch. Vermeiden Sie es in Konflikten, die Position der dritten Partei einzunehmen, denn das würde Ihren Chef in eine schwierige Lage bringen. Er müsste dann seinen Standpunkt verteidigen und gleichzeitig deutlich machen, dass er die Führungskraft ist.

Handeln Sie nicht eigenmächtig
Führungskräfte möchten, dass Sie eigenständig handeln, aber nur im vorgegebenen Rahmen. Machen Sie in Besprechungen keine Zugeständnisse, die nicht vorher abgesprochen wurden, und halten Sie sich an vorgegebene Verhandlungsspielräume. Holen Sie sich bei Entscheidungen die Rückendeckung Ihrer Führungskraft.

Lassen Sie Ihren Chef glänzen
Als Mitarbeiter unterstützen Sie Ihre Führungskraft auch dann, wenn Sie dabei im Hintergrund bleiben. Dazu gehört, dass Sie für Vorträge Ihres Chefs Folien erstellen, ihm Informationen besorgen und Besprechungen vorbereiten. Das kann sogar soweit gehen, dass Sie Artikel für ihn verfassen, bei denen er als Autor auftritt. Wenn Sie diese Dinge tun, tragen Sie dazu bei, dass Ihr Chef in der

Öffentlichkeit an Ansehen gewinnt. Sie selbst bleiben zwar nach außen hin unsichtbar, gewinnen aber das Vertrauen Ihres Chefs, was Sie langfristig in Ihrer Karriere voranbringt.

So gestalten Sie eine erfolgreiche Führungsbeziehung:

- Respektieren Sie immer die Führungsposition Ihres Chefs.
- Stehen Sie hinter den Entscheidungen Ihrer Führungskraft und unterstützen Sie deren Politik.
- Spielen Sie Ihr Fachwissen oder Ihre wissenschaftliche Kompetenz nie vor Dritten gegen Ihre Führungskraft aus.
- Informieren Sie Ihre Führungskraft immer, wenn Sie mit Mitarbeitern oder Führungskräften aus anderen Abteilungen Sachverhalte besprechen.
- Machen Sie keine Aussagen über abteilungsinterne Themen ohne vorherige Rücksprache mit Ihrer Führungskraft.
- Loben oder kritisieren Sie Ihre Führungskraft nie öffentlich.

Niemals gegen den Chef kämpfen

Auf keinen Fall sollten Sie gegen Ihre Führungskraft kämpfen. Versuchen Sie nicht, ihre Macht zu untergraben oder sie öffentlich zu kritisieren. Auch wenn Sie nach Ihrer Meinung über Ihren Chef gefragt werden, sollten Sie sich mit Kritik zurückhalten, denn was Sie sagen, könnte auch zu Ihrem Chef weitergetragen werden. Falls Sie feststellen, dass Sie mit Ihrem Chef überhaupt nicht zusammenarbeiten können, dann suchen Sie eine Alternative, zum Beispiel, indem Sie versuchen, in eine andere Abteilung zu wechseln. Denn langfristig schadet eine konfliktreiche Beziehung zu Ihrem Chef Ihrer Karriere.

Führungsgespräche für die eigenen Interessen nutzen

Gute Führungskräfte sprechen viel mit ihren Mitarbeitern. Denn sie wissen, dass sie nur so eine gute Führungsbeziehung aufbauen und den Mitarbeiter anleiten können. Dennoch gibt es auch Führungskräfte, die so ins Tagesgeschäft eingebunden sind, dass sie keine Zeit finden, sich mit ihren Mitarbeitern zu unterhalten. Aber auch sie müssen mit ihren Mitarbeitern sprechen, selbst wenn dies vorwiegend im Rahmen formeller Anlässe geschieht. Dies sind neben der Auftragsvergabe und der Entgegennahme von Arbeitsergebnissen auch sogenannte verbindliche Führungsgespräche. Wann und zu welchem Zweck diese stattfinden, variiert je nach Unternehmen. Die drei wichtigsten und in den meisten Unternehmen verbreiteten Arten von Führungsgesprächen sind Zielvereinbarungen, Entwicklungsgespräche und Beurteilungen.

Zielvereinbarung
In der Bundesrepublik begannen Unternehmen in den 1980er-Jahren japanische Führungssystematiken auf ihre eigenen Strukturen zu übertragen. Eines dieser Systeme war der Hoshin-Kanri-Prozess, bei dem das Unternehmen durch Ziele gesteuert wird. Am Anfang steht dabei eine Zielvereinbarung auf der obersten Führungsebene. Von den dort festgelegten Zielen werden die der darunter liegenden Führungsebenen abgeleitet, bis letztlich jedes Team oder sogar jeder Mitarbeiter eine Zielvorgabe erhält. Indem jeder sein eigenes Ziel verfolgt, wird so letztlich das Gesamtziel des Unternehmens erreicht. Abbildung 16 zeigt, wie die Steuerung eines Unternehmens durch einen Zielvereinbarungsprozess erfolgt.

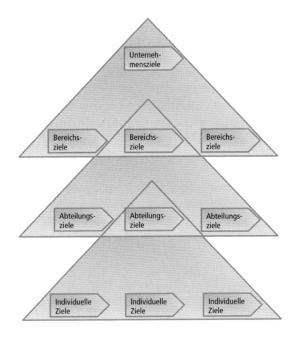

Abbildung 16: Jedes Teilziel zahlt im Zielvereinbarungsprozess auf das Unternehmensziel ein.

Fast alle Zielvereinbarungssysteme haben eine ähnliche Systematik. Am Beginn des Jahres werden mit den Mitarbeitern Ziele vereinbart. In vielen Fällen ist mit einer guten Zielerreichung auch ein finanzieller Bonus verbunden. Für die Zielerreichung werden Beurteilungsparameter festgelegt, mit denen gemessen werden kann, ob ein Ziel erreicht wurde. Damit sollen die Mitarbeiter motiviert werden, sich für ihre Zielerreichung einzusetzen. Etwa in der Jahresmitte gibt es ein Ziele-Review, bei dem der aktuelle Stand analysiert wird, sodass eine Prognose erstellt werden kann, ob die vereinbarten Ziele zum Jahresende erreicht werden. Am Anfang des nächsten Jahres wird festgestellt, inwieweit die Ziele erreicht wurden. Es ist auch möglich, Ziele im Laufe des Jahres zu ändern, wenn abzusehen ist, dass das ursprünglich vereinbarte Ziel nicht erreicht werden kann.

Schriftliche Zielvereinbarung

Wenn Sie eine Zielvereinbarung unterschreiben, dann ist das rechtlich gesehen ein Zusatz zum Arbeitsvertrag. Informieren Sie sich deshalb über die Rechte und Pflichten, die Sie mit Ihrer Unterschrift eingehen.

Zielvereinbarung in der Praxis

Soweit die Theorie. Wie gut ein Zielvereinbarungssystem funktioniert, hängt davon ab, wie realistisch die vereinbarten Ziele sind. Werden zu hochgesteckte oder gar unrealistische Ziele formuliert, werden diese in der Regel nicht erreicht und stattdessen das erzielte Ergebnis „schön geredet". Werden stattdessen Ziele vereinbart, die ohne Mühe zu erreichen sind, fehlt die Herausforderung und damit die Motivation. Die Kunst besteht darin, hier einen Mittelweg zu finden, also realistische, aber herausfordernde Ziele zu wählen.

Bei Ihrer Zielvereinbarung sollten Sie darauf achten, dass diese nicht zu einem Zieldiktat wird. Stattdessen sollten die Ziele aus Sicht Ihres aktuellen Wissenstands realistisch sein, denn wenn Sie unrealistische Ziele vereinbaren, handeln Sie sich auf lange Sicht nur Probleme ein. Wenn Sie dann mit vollem Einsatz versuchen, diese Ziele zu erreichen, ist die Enttäuschung am Ende umso größer. Realistische Ziele können dagegen durchaus herausfordernd sein. Mit ihnen legen Sie die Basis für ein erfolgreiches Arbeitsjahr.

Wer seine Ziele mit Erfolg erreicht, wird von den Führungskräften als Leistungsträger in der Abteilung angesehen. Eine gute Zielerreichung ist damit auch die Basis für eine erfolgreiche Karriere. Aber nicht immer gelingt eine überdurchschnittlich gute Zielerreichung. Wer im Durchschnitt liegt, darf dennoch zufrieden sein. Sorgen sollten Sie sich nur dann machen, wenn Sie Ihre Ziele nicht erreichen. Dann sollten Sie im Rahmen des Zielvereinbarungsgespräches mit Ihrer Führungskraft besprechen, wie die Rahmenbedingungen für Ihre Arbeit verändert werden müssen, damit Sie Ihre Ziele erreichen können.

Zielerreichung

Beurteilungs- und Feedbackgespräche
In sogenannten Potenzialrunden oder Performance Reviews werden Führungskräfte und Mitarbeiter durch ihre jeweiligen Vorgesetzten beurteilt. Bei wichtigen und höheren Position werden auch Kollegen in das Gespräch miteinbezogen. Dabei wird die Leistung und das Entwicklungspotenzial des Mitarbeiters betrachtet. Am Ende steht eine Einschätzung des Mitarbeiters bezüglich seiner weiteren Entwicklung.

Grundsätzlich können Mitarbeiter in die folgenden Gruppen eingeteilt werden:

- Mitarbeiter, denen man mehr zutraut und die für eine höhere Position geeignet sind, sind sogenannte Potenzialträger.
- Mitarbeiter, die eine überdurchschnittliche Leistung erbringen, denen man jedoch keine höhere Position zutraut, sind die Leistungsträger der Abteilung.
- Mitarbeiter, die eine gute Leistung erbringen und die für ihre Stelle genau die richtigen sind, bilden das Rückgrat der Abteilung.
- Mitarbeiter, deren Leistung hinter den Erwartungen zurückbleibt, werden als Low-Performer bezeichnet.

Die Aufgabe Ihrer Führungskraft ist es, Ihnen das Ergebnis der Beurteilung mitzuteilen und Ihnen ein Feedback zu geben. Sind Sie für eine neue Position geeignet, dann sollte sie mit Ihnen vereinbaren, wie schnell Sie sich in dieser Position entwickeln können. Achten Sie darauf, dass es nicht bei Versprechungen bleibt. Als

Potenzialträger

Potenzialträger sollten Sie möglichst innerhalb eines Jahres eine neue, interessante Position bekommen.

Leistungsträger Wenn Sie zu den Leistungsträgern der Abteilung gehören, dann sollte sich dies nicht nur darin bemerkbar machen, dass Sie mehr Aufgaben bekommen, sondern auch darin, dass das Unternehmen Sie besonders schätzt. Sie haben dann eine gute Basis für Gehaltsverhandlungen und können bessere Konditionen oder Vereinbarungen zur Vereinbarkeit von Berufs- und Privatleben aushandeln. Denn das Unternehmen weiß, dass Sie jederzeit ohne große Mühe eine neue Stelle finden würden, und wird Ihnen deshalb wenn möglich entgegenkommen.

Mitarbeiter mit guter Leistung Gehören Sie zum Durchschnitt, dann gehören Sie auch zu den Mitarbeitern, die eher leicht zu ersetzen sind. Das heißt nicht, dass Ihre Führungskraft auf Sie verzichten will, denn jeder Mitarbeiterwechsel bedeutet Aufwand und schmälert erst einmal die Leistung der Abteilung. Ein solches Feedback sollte für Sie aber ein Ansporn sein, sich besser in der Abteilung zu positionieren. Führungskräfte sollten Sie hier durch die Bewilligung von Fortbildungsmaßnahmen unterstützen.

Low-Performer Wenn Sie zu denjenigen gehören, deren Leistung nicht den Erwartungen entspricht, werden Sie dies unmissverständlich aus dem Feedback heraushören. Man wird wenig Gutes über Ihre Leistung sagen, dafür aber sehr viel über das, was Sie besser machen können. Wenn Sie in einer Abteilung keine gute Leistung zeigen, dann heißt das nicht, dass Sie generell nicht leistungsfähig wären. Vielleicht passen die Stelle und die Arbeit nicht zu Ihnen. Statt auf der Stelle zu beharren, sollten Sie sich nach Alternativen umsehen oder mit Ihrer Führungskraft besprechen, was verändert werden muss, damit Sie eine bessere Leistung erbringen können.

Auch bei Beurteilungsgesprächen fallen Theorie und Praxis auseinander. Theoretisch sollten Sie ein wertschätzendes Feedback erhalten, das Ihnen hilft, sich weiterzuentwickeln. In der Praxis fehlt dafür oft die Zeit oder Führungskräfte sind nicht in der Lage, Ihnen ein konstruktives Feedback zu geben. Führungskräfte gehören oft einer Generation an, bei der Feedback unüblich war und der es schwer fällt, mit Feedback umzugehen. Sind Sie mit Ihrem Beurteilungsgespräch nicht zufrieden, dann fragen Sie gezielt nach den Dingen, die Sie interessieren, oder verlangen Sie Beispiele. Bleibt das Feedback allgemein und unverbindlich, dann fragen Sie, was konkret wahrgenommen wurde und was Sie konkret anders machen können.

Entwicklungsgespräche
Entwicklungsgespräche sind ebenfalls ein Steuerungsinstrument für Führungskräfte. Sie dienen dazu, Einfluss auf die persönliche Entwicklung des Mitarbeiters nehmen, damit dieser seine Kompetenzen und Fähigkeiten so entwickelt, dass er langfristig entweder eine hochwertige Expertenfunktion ausfüllen oder eine Führungskarriere einschlagen kann.

Entwicklungsgespräche sind in der Regel vertrauliche Vieraugengespräche zwischen Führungskraft und Mitarbeiter. Dabei wird zunächst der Mitarbeiter gebeten, den Verlauf des Jahres aus seiner Sicht zu schildern. Dann erhält er ein Feedback der Führungskraft über seine Entwicklung im vergangenen Jahr. Daraus werden dann die Felder abgeleitet, in denen der Mitarbeiter gut ist, und die, in denen er seine Kompetenzen noch entwickeln muss. Für die Entwicklungsfelder werden dann Entwicklungsziele vereinbart und Maßnahmen festgelegt, um diese zu erreichen. In der Regel sind das Qualifizierungsmaßnahmen, die der Mitarbeiter im Laufe des Jahres besuchen soll.

Auch hier klaffen Theorie und Praxis oft auseinander. Einige Führungskräfte geben sich in Entwicklungsgesprächen viel Mühe, weil sie wissen, dass die Leistung der Abteilung auf der Kompetenz der Mitarbeiter beruht. Es gibt aber auch Führungskräfte, die solche Gespräche eher als lästige Pflicht ansehen. Für Sie selbst ist das Entwicklungsgespräch jedoch eines der wichtigsten Mittel, um Ihre persönlichen Weiterbildungsinteressen mit der Führungskraft zu besprechen. Sie haben wahrscheinlich mehr auf dem Herzen als nur die Vereinbarung eines Lehrgangs. Ihnen geht es um ein ehrliches Feedback und um Ihre berufliche Zukunft. Falls Ihre Führungskraft Ihnen kein Feedback gibt, fragen Sie danach. Bleibt das Feedback sehr allgemein, dann nennen Sie konkrete Aufgaben und

Die eigenen Interessen vertreten

Projekte und fragen Sie danach, wie Ihre Führungskraft Ihre Leistung in diesen konkreten Fällen einschätzt.

Gesprächsvorbereitung Bereiten Sie sich gut auf das Gespräch vor. Dazu gehört zunächst einmal die Vorbereitung, die nach der Gesprächssystematik in Ihrem Unternehmen erforderlich ist. Überlegen Sie aber auch, welche weiteren Anliegen Sie bei diesem Anlass mit Ihrer Führungskraft besprechen möchten, und lassen Sie sich dabei nicht durch die vorgegebene Systematik einengen. Mit einer Einleitung wie „Ich möchte jetzt die Gelegenheit nutzen, um Folgendes mit Ihnen zu besprechen" können Sie das Gespräch um Ihre Themen erweitern.

Gespräche mit der Führungskraft erfolgreich gestalten

Die formellen Führungsgespräche sind nur ein kleiner Teil der Gespräche, die Sie mit Ihrer Führungskraft führen. Es gibt viele weitere Anlässe, in denen Sie mit Ihrer Führungskraft sprechen: Ihre Führungskraft möchte über Ihre Aufgaben informiert werden, Sie berichten über die Ergebnisse einer Recherche, die Sie im Auftrag der Führungskraft durchgeführt haben, oder es gibt einen Anlass, Ihnen für Ihr Engagement zu danken oder Ihnen kritisches Feedback zu geben. Nicht zuletzt finden Gespräche auch bei zufälligen Begegnungen im Flur oder in der Kantine statt.

Gesprächsführung In allen Gesprächen hat die Führungskraft aus ihrer Position heraus die Gesprächsführung. Das heißt jedoch nicht, dass Sie keinen aktiven Anteil im Gespräch haben, sondern dass die Führungskraft den Zeitpunkt und Verlauf des Gesprächs bestimmt. Für den Inhalt sind Sie jedoch ebenfalls verantwortlich.

Eine gute Vorbereitung ist die Voraussetzung für ein gutes Gespräch. Sie sollten sich inhaltlich gut auskennen, wenn Ihre Führungskraft mit Ihnen über ein Fachthema spricht. Wenn es um Arbeitsaufträge geht, stellen Sie zusammen, was Sie auf dem Tisch haben. Dann können Sie schon im Gespräch entscheiden, ob Sie zusätzliche Aufgaben annehmen können oder nicht. Bei Gesprächen über Ihre Karriere sollten Sie Ihre Interessen klar machen. Lassen Sie sich niemals vom Inhalt eines Gesprächs überraschen.

So bereiten Sie sich auf ein Gespräch mit Ihrer Führungskraft vor:

- Falls das Thema nicht klar ist, fragen Sie danach.
- Tragen Sie alle Informationen zusammen, die für das Gespräch wichtig sind.
- Sehen Sie Ihre Notizen durch, um sich zu vergegenwärtigen, was Sie mit Ihrer Führungskraft zu diesem Thema bereits besprochen haben.
- Überlegen Sie sich, was Sie im Gespräch erreichen wollen.
- Notieren Sie Ihre Fragen.

Mit jedem Gespräch lernen Sie und Ihre Führungskraft sich gegenseitig besser kennen. Sie können sich als kompetenter Mitarbeiter präsentieren, aber auch Ihre Interessen und Wünsche deutlich machen. Sie bekommen heraus, worauf Ihr Chef Wert legt, und lernen seine Meinung zu verschiedenen Themen kennen. Dadurch können Sie die Bedeutung Ihrer Arbeit besser einschätzen. Nicht zuletzt festigt jedes gute Gespräch die Führungsbeziehung zwischen Ihnen und Ihrer Führungskraft und baut gegenseitiges Vertrauen auf.

In der Regel sollten Ihre Gespräche mit Ihrer Führungskraft sachlich und in einer guten Atmosphäre verlaufen. Es wird aber auch Themen geben, bei denen es zu Meinungsverschiedenheiten kommt. Möglicherweise kritisiert Ihr Chef Ihre Arbeit oder er stellt Anforderungen, die Sie ablehnen müssen oder wollen. Bleiben Sie dabei immer sachlich und fair. Falls es in Ihrem Unternehmen einen Betriebsrat gibt, können Sie einen Kollegen aus dem Betriebsrat bitten, bei dem Gespräch dabei zu sein. Dies kann Ihnen Ihre Führungskraft nicht verweigern, denn es ist ein nach dem Betriebsverfassungsgesetz verbrieftes Recht. Allerdings wird Sie der Kollege aus dem Betriebsrat nicht in der Sache unterstützen. Seine Aufgabe ist es, sicherzustellen, dass die Regeln der Gesprächsführung eingehalten und von Ihnen keine unzumutbaren Dinge verlangt werden. Dies gilt insbesondere bei Gesprächen, bei denen es um Ihre Karriere oder Personalangelegenheiten geht.

Kritische Gesprächssituationen

> **Tipps für Ihren Erfolg**
>
> Machen Sie Ihren Chef erfolgreich. Dies ist die beste Grundlage dafür, selbst erfolgreich zu sein.
>
> Nutzen Sie die formellen Führungsgespräche wie Zielvereinbarungs-, Beurteilungs- und Entwicklungsgespräche, um Ihre Karriere voranzutreiben.
>
> Bereiten Sie sich gut auf die Gespräche mit Ihrer Führungskraft vor und stellen Sie sich in den Gesprächen als kompetenter Mitarbeiter dar.

Verhandeln: Die eigene Position wahren und Lösungen finden

Gebrauche sanfte Worte und harte Argumente.

Sprichwort

Auch wenn in Ihrer Stellenausschreibung kein Verhandlungsgeschick gefordert wurde, brauchen Sie es, um in Ihrem Job erfolgreich zu sein. Denn immer wenn Sie Ihre Tätigkeit mit anderen abstimmen, müssen Sie verhandeln, denn es ist eher selten, dass alle Beteiligten der gleichen Meinung sind wie Sie. Aber auch wenn es um alltägliche Dinge wie Urlaub, die Teilnahme an Trainings oder die Anschaffung von Arbeitsmitteln geht, müssen Sie diese Anliegen mit Ihrem Chef aushandeln. Nicht zuletzt kommt Ihr Verhandlungsgeschick zum Einsatz, wenn es um Ihre Karriere geht, etwa um eine Gehaltserhöhung oder Zusatzleistungen.

In diesem Kapitel erhalten Sie Antworten auf die folgenden Fragen:

- Was ist eine Verhandlung?
- Wie gehe ich bei Verhandlungen vor?
- Wann muss ich verhandeln?

Was ist eine Verhandlung?

Ihr Verhandlungsgeschick zeigt sich dann darin, dass es Ihnen gelingt, gemeinsam mit Ihrem Verhandlungspartner eine Lösung zu finden, die Sie beide zufriedenstellt. In einer Verhandlung möchte jeder sein Interesse durchsetzen. Die Verhandlungsparteien loten aus, welche Zugeständnisse der andere machen kann, sodass am Ende eine Lösung steht, die den Interessen beider Seiten gerecht wird. Bei unterschiedlichen Auffassungen kann das bedeuten, gemeinsam eine dritte Lösung zu entwickeln. Das Ergebnis ist immer ein Kompromiss. Dieser sollte so gut sein, dass keine Verhandlungspartei im Nachhinein versucht, ihn wieder rückgängig zu machen.

Eine Verhandlung ist ein Gespräch mit dem Ziel, eine verbindliche Übereinkunft zu erreichen. Die Verhandlungspartner haben dabei sowohl gemeinsame wie auch unterschiedliche Interessen. Erfolgreich ist eine Verhandlung dann, wenn die Verhandlungslösung so gut wie möglich die Interessen beider Parteien berücksichtigt.

Nicht über alles kann oder muss verhandelt werden. Verhandeln Sie nur dann, wenn die folgenden Voraussetzungen vorliegen:

Voraussetzungen für Verhandlungen

- Es gibt unterschiedliche Interessen und Sie und Ihr Verhandlungspartner wollen oder müssen sich einigen. Wenn beispielsweise zwei Kollegen zur gleichen Zeit Urlaub nehmen wollen, dies aber aus organisatorischen Gründen nicht möglich ist, muss eine Lösung gefunden werden. Wenn die Kollegen sich nicht einigen können, dann muss letzten Endes die Führungskraft entscheiden.
- Es gibt einen Verhandlungsspielraum, das heißt es spielen verschiedene Aspekte eine Rolle, sodass es viele Ansatzpunkte gibt, um eine für beide Seiten gewinnbringende Lösung zu entwickeln.

Wenn Sie wissen, dass Ihr Verhandlungspartner Ihre Wünsche nicht erfüllen kann, sollten Sie auf eine Verhandlung verzichten.

Ist beispielsweise klar, dass Ihr Chef Ihnen nicht mehr Gehalt zahlen kann, dann hat eine Gehaltsverhandlung keinen Sinn.

Harvard-Konzept Im sogenannten Harvard Negotiation Project wurden viele internationale Verhandlungen untersucht. Dabei wurde festgestellt, dass Verhandlungen dann erfolgreich waren, wenn die Verhandlungspartner sich fair verhielten, dabei aber konsequent ihre Positionen verteidigt haben. Daraus ist das Harvard-Konzept für Verhandlungen entstanden.

In der Verhandlung sollten Sach- und Beziehungsebene getrennt werden. Weder Sie noch Ihr Verhandlungspartner dürfen die Forderung als einen persönlichen Angriff betrachten. Im Mittelpunkt stehen stattdessen die Interessen, was keineswegs bedeutet, die Interessen der jeweils anderen Partei zu ignorieren. Es geht vielmehr darum, die Interessen beider Parteien als Ausgangspunkt zu betrachten, von dem aus eine gemeinsame Lösung entwickelt werden kann. Position zu beziehen heißt also nicht, auf der Position zu beharren. Jede Partei muss signalisieren, dass sie bereit ist, der anderen entgegenzukommen.

Bei der Lösungsfindung steht die folgende Frage im Mittelpunkt: Durch welche Lösungen könnten die Interessen beider Parteien abgedeckt werden? Verhandeln heißt dann, die Lösungsoptionen daraufhin abzuwägen und zu bewerten, inwieweit sie den gemeinsamen Interessen dienen. Es kommt zur Einigung, wenn eine Lösung gefunden wurde, in der beide Parteien einen möglichst großen Anteil Ihrer Interessen wiederfinden.

Gemeinsam Lösungen finden:

- Erkennen Sie die Interessen der Gegenseite an.
- Schreiben Sie die Interessen auf, die im Spiel sind.
- Stellen Sie das Problem erst dar, bevor Sie mit der eigentlichen Diskussion beginnen.
- Konzentrieren Sie sich auf die Lösungsfindung, nicht auf das Problem.
- Seien Sie bestimmt, aber flexibel.

Schritt für Schritt zu einer Einigung kommen

In den meisten beruflichen Verhandlungssituationen werden Sie Ihre Verhandlungspartner nicht zu einer offiziellen Verhandlung auffordern. Doch Sie müssen deutlich machen, dass Sie nun von einer normalen Arbeitssituation in eine Verhandlungssituation übergehen. Wenn Sie sich mit Ihren Kollegen über eine Lösung einigen müssen, dann werden Sie dazu ein Meeting durchführen. Andere Themen, etwa eine Uneinigkeit bezüglich der Urlaubszeiten, werden Sie in einem Gespräch aushandeln. Wenn Sie eine Gehaltserhöhung wünschen, müssen Sie Ihrer Führungskraft sagen, dass Sie über Ihr Gehalt verhandeln wollen.

Bevor Sie über die Sache verhandeln, sollten Sie gemeinsam mit Ihrem Verhandlungspartner über das Vorgehen entscheiden. Legen Sie gemeinsam das Ziel der Verhandlung fest. Erst wenn Sie das Ziel erreicht haben, ist die Verhandlung zu Ende. Klären Sie die Themen, die besprochen werden müssen. Sprechen Sie mit Ihrem Verhandlungspartner auch über die Regeln, die für das Gespräch gelten.

Zu Beginn einer Verhandlung sollten Sie positive Botschaften vermitteln, um eine Basis für eine gute Beziehung in der Verhandlung zu legen. Stellen Sie nicht gleich Ihre Forderung in den Vordergrund, sondern fragen Sie nach den Interessen und Bedürfnissen Ihres Verhandlungspartners. Versuchen Sie zunächst, seine Sicht zu verstehen, und verschaffen Sie sich Klarheit über die Ausgangssituation. Verdeutlichen Sie dann Ihre Interessen und geben Sie Ihrem Verhandlungspartner Einblick in Ihre Sicht der Dinge. Machen Sie vor allem Ihre Rahmenbedingungen klar und loten Sie aus, welche Rahmenbedingungen Ihr Verhandlungspartner hat. So erfahren beide Seiten, über was verhandelt werden kann und über was nicht.

Zwischen den Verhandlungsinteressen und den Verhandlungspositionen gibt es einen wichtigen Unterschied: Die Interessen sind das, was jede Partei durchsetzen will. Sie sind die Antwort auf die Frage „Was will ich erreichen?". Die Verhandlungspositionen sind das Mittel, mit dem Interessen durchgesetzt werden. Sie sind die

Interessen statt Positionen verhandeln

Antwort auf die Frage „Wie will ich es erreichen?". Diesen Unterschied verdeutlicht die folgende Geschichte aus dem Buch *Das Harvard-Konzept*. Der Klassiker der Verhandlungstechnik von Rogar Fisher, William Ury und Bruce Patton:

Beispiel aus Das Harvard-Konzept	*Zwei Männer streiten sich in einer Bibliothek darum, ob das Fenster geöffnet sein soll oder nicht. Der eine der beiden öffnet das Fenster. Ihm ist es zu heiß. Dies ist sein Interesse. Er löst dieses Interesse, indem er das Fenster öffnet. Der andere Mann hat ein ganz anderes Interesse. Er möchte Ruhe und ihn stört der Straßenlärm. Dies ist sein Interesse. Er schließt das Fenster. Dies ist seine Lösung. Es entsteht zwischen beiden eine heftige Diskussion darum, ob das Fenster auf oder zu sein soll. Der Streit dreht sich um die Positionen und es scheint dafür keine Lösung zu geben. Eine Bibliotheksangestellte hört den Streit und löst ihn auf eine ganz einfache Art und Weise. Sie schließt das Fenster und schaltet den Ventilator ein. Sie hat eine Lösung für die Interessen der beiden Parteien.*

Positionen sind immer Lösungen, die die jeweilige Partei für sich gefunden hat. Oft gibt es aber, wie diese Geschichte zeigt, eine ganz andere Lösung, die beide Seiten zufriedenstellt. Verhandeln die Parteien nur über Positionen, dann verbauen sie sich die Sicht auf andere Lösungen. Stellen Sie deshalb bei der Lösungsfindung die folgende Frage in den Mittelpunkt: Durch welche Lösungen könnten die Interessen beider Parteien abgedeckt werden? Verhandeln heißt dann: die Lösungsoptionen daraufhin abzuwägen und zu bewerten, inwieweit sie den gemeinsamen Interessen dienen. Eine Einigung entsteht dadurch, dass eine Lösung gefunden wurde, in der beide Parteien einen möglichst großen Anteil ihrer Interessen wiederfinden.

Tipp	Wenn sich die Diskussion im Kreis dreht und eine Lösung nicht in Sicht ist, dann hilft es oft, eine Pause zu machen oder das Verhandlungsgespräch zu vertagen.

Der Erfolg einer Verhandlung hängt häufig auch von der mentalen Einstellung der Verhandlungspartner ab. Wenn die Verhandlungspartner auf ihre Positionen fixiert sind, schränkt dies das Denken ein und die Verhandlungen drehen sich dann oft im Kreis. Besser ist es, wenn Sie versuchen, das Problem zu verstehen, für das Sie eine Lösung finden müssen. Schauen Sie nach vorne und seien Sie flexibel.

Vereinbarungen festhalten

In früheren Zeiten hat man das Ergebnis einer Verhandlung mit einem Handschlag besiegelt. Dies war ein Ritual, mit dem beide Parteien ausgedrückt haben, dass sie zu dem Ergebnis stehen. Noch heute sagen wir, dass wir „die Hand auf etwas geben", eine Redensart, die auf dieser Tradition aufbaut. In der heutigen Zeit ist es allerdings üblich, das Ergebnis einer Verhandlung zu dokumentieren. Dazu ist nicht unbedingt ein formelles Dokument nötig, in den meisten Fällen reicht eine Besprechungsnotiz, ein Memo oder ein Protokoll. Auf jeden Fall muss es ein Dokument sein, auf das sich beide Parteien berufen können.

Nächste Schritte festlegen

Eine Verhandlung zu führen ist kein Selbstzweck, denn das Ergebnis hat Folgen für beide Parteien. Der erste Schritt zur Umsetzung der Verhandlungslösung besteht darin, sich über die nächsten Schritte zu verständigen. Beantworten Sie dazu die Frage: Wer muss was tun, damit das Verhandlungsergebnis umgesetzt wird?

Positiv zurückblicken

Ein gutes Verhandlungsergebnis ist für beide Parteien ein Erfolg. Es ist Ihnen gelungen, ein Problem aus der Welt zu schaffen. Blicken Sie deshalb am Ende nicht auf die Schwierigkeiten zurück, die Sie während der Verhandlung zu bewältigen hatten, sondern auf das, was Sie für die Zukunft erreicht haben, was durch das Verhandlungsergebnis möglich wird. Beide Parteien sollten deshalb für sich die folgende Frage beantworten: Wie zufrieden bin ich mit dem Ergebnis? Und was ist uns beiden gemeinsam in der Verhandlung gelungen?

Tipps für Ihren Erfolg

Eignen Sie sich Verhandlungskompetenz an, selbst wenn Sie in Ihrem Arbeitsbereich nur wenig verhandeln müssen. Sie benötigen diese für die Verhandlungen in eigner Sache.

Vertreten Sie Ihre Interessen im Beruf gegenüber den Kollegen und gegenüber Ihrer Führungskraft. So werden Sie sich nicht benachteiligt fühlen.

Nutzen Sie die Regeln und die Technik des Harvard-Konzeptes für Verhandlungen. Es ist eine gute Methode, um „hart, aber fair" zu verhandeln.

Personal Branding: Sich selbst ein Profil geben

Nur wer überzeugen kann, hat auch Erfolg.

EMIL BECK

Wenn Ihnen im Unternehmen ein Mitarbeiter, den Sie kaum kennen, begegnet und er Sie mit Namen anspricht, heißt das nicht nur, dass er ein gutes Namensgedächtnis hat, sondern auch, dass Sie bei ihm einen bleibenden guten Eindruck hinterlassen haben. Genau das ist das Ziel eines Brands, also einer Marke. Coca Cola oder Apple haben es geschafft, einen starken Brand zu etablieren. Man kauft die Produkte, weil man damit ein positives Image verbindet. Wir leben im Zeitalter der Marke. Nicht nur Unternehmen, sondern auch Städte und Regionen bemühen sich um ein unverwechselbares Image. Auch Ihr Ziel sollte es sein, ein unverwechselbares Image auf Basis Ihres Themengebiets aufzubauen und dieses zu kommunizieren.

In diesem Kapitel erhalten Sie Antworten auf die folgenden Fragen:

- Wie nützt mir ein Personal Branding?
- Wie entwickele ich mein Personal Banding?
- Wie nutze ich meine Marke?

Nutzen des Selbstmarketings

Wenn Sie im Unternehmen nach vorne kommen wollen, dann müssen Sie nicht nur bei Ihrem Chef einen guten Eindruck hinterlassen, sondern auch bei anderen Vorgesetzten und Mitarbeitern. Von Ihnen muss der Eindruck entstehen, dass Sie ein guter Mitarbeiter sind, der Kompetenzen und Fähigkeiten besitzt, auf die das Unternehmen nicht verzichten kann und die auch bei der Konkurrenz gefragt sind. Sie müssen sich im Unternehmen einen Ruf erwerben, also Personal Branding betreiben.

Als Branding bezeichnet man den Aufbau und die Weiterentwicklung einer Marke. Hauptziel dabei ist, die eigene Leistung vom Angebot der Wettbewerber abzugrenzen und sich über die eigenen Produkte und/oder Dienstleistungen spürbar von der Konkurrenz abzuheben. Übertragen auf Ihr persönliches Branding beutet dies: Mit einem Branding bauen Sie über Ihre Berufslaufbahn hinweg eine persönliche Marke auf, die Sie von anderen Mitarbeitern unterscheidet.

Begriff Branding

Personal Branding macht Sie unverwechselbar. Andere sollen mit Ihrer Person Ihre Kompetenzen verbinden und Ihre persönliche Marke sollte positiv besetzt sein.

Die Grundlage für eine persönliche Marke ist ein unverwechselbares Berufsprofil, mit dem Sie sich von anderen Mitarbeitern mit vergleichbaren Kompetenzen und Fähigkeiten unterscheiden. Die Basis dafür kann eine spezielle Kompetenz sein, die nur Sie besitzen, es können auch Ihre Soft Skills sein, mit denen es Ihnen gelingt, andere für sich zu gewinnen, oder auch Ihr Netzwerk.

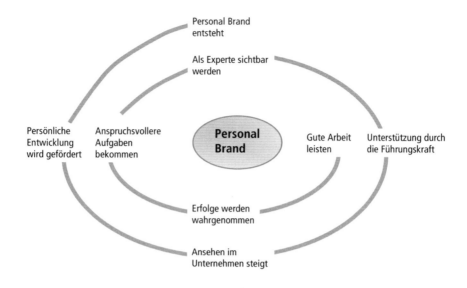

Abbildung 17: So entwickeln Sie sich Schritt für Schritt nach oben.

Die Entwicklung eines Berufsprofils ist eine positive Aufwärtsspirale, die in Abbildung 17 dargestellt ist.

Positive Aufwärtsspirale

Folgende Schritte bilden die Aufwärtsspirale Ihres Personal Brandings:

- Sie leisten überdurchschnittlich gute Arbeit und finden auf diese Weise die Akzeptanz Ihres Chefs und der internen und externen Partner.
- Sie tragen durch Selbstmarketing dazu bei, dass Ihre Erfolge sowohl von Ihrem Chef als auch externen Partnern wahrgenommen werden.
- Ihr Chef überträgt Ihnen anspruchsvollere Aufgaben, wodurch Sie sich von anderen Kollegen abheben. Sie werden wichtig für die Abteilung und nehmen an wichtigen Meetings teil.
- Sie werden bei Ihren Aufgaben stärker unterstützt, denn Ihr Chef möchte dadurch sicherstellen, dass er die richtige Wahl getroffen hat.

- Mit diesem Rückenwind meistern Sie auch schwierige Aufgaben. Sie werden bekannt als Experte und dies nicht nur in der eigenen Abteilung, sondern auch darüber hinaus.
- Sie entwickeln sich damit fachlich, aber vor allem persönlich weiter. Ihr Selbstbewusstsein steigt und versetzt Sie in die Lage, noch anspruchsvollere Aufgaben zu übernehmen.
- Ihr Ansehen steigt. Entscheidern fällt zuerst Ihr Name ein, wenn die Frage im Raum steht, wer eine wichtige Aufgabe übernehmen soll. Es ist bekannt, dass man bei Ihnen „auf Nummer sicher geht", wenn schwierige Herausforderungen anstehen.

Die Aufwärtsspirale funktioniert durch die Wechselwirkung von zwei Elementen: die fachlichen Erfolge und die Wahrnehmung dieser Erfolge, womit wiederum soziale Anerkennung verbunden ist. Selbstmarketing beginnt damit, sich der eigenen Erfolge bewusst zu sein. Sie müssen Ihre Erfolge benennen können, bevor Sie diese anderen vermitteln können.

Dynamik der Aufwärtsspirale

Selbstmarketing durch Personal Branding

Bevor Sie beeinflussen können, wie andere Sie wahrnehmen, müssen Sie selbst wissen, wer Sie sind und wie Sie sich im Unternehmen präsentieren wollen. Das persönliche Profil ist Ihr Aushängeschild. Und Sie brauchen dieses für viele Gelegenheiten: für das Profil in den sozialen Netzwerken, in Vorstellungsrunden und natürlich auch bei jeder Bewerbung.

Wenn Sie Ihre Fähigkeiten erweitern wollen, sollten Sie wissen, wo Sie bereits Stärken haben – auch wenn diese vielleicht nicht immer und überall zum Tragen kommen. Um nach den Werten zu forschen, die Sie als Experte und als Person auszeichnen, sollten Sie intensiv nach positiven Erfahrungen und Beispielen in Ihrem bisherigen Leben suchen. Mit der folgenden Selbstreflexionsübung finden Sie heraus, was Sie einzigartig macht. Diese Übung geht zurück auf ein Konzept von Matthias zur Bonsen und Carole Maleh, das auf der von David Cooperrider entwickelten „Appreciative Inquiry" basiert. Der Begriff lässt sich mit „wertschätzender Unternehmensführung" übersetzen.

Appreciative-Inquiry-Analyse

Persönliche Höhepunkte

Während Ihrer Ausbildung und Ihres bisherigen Berufslebens haben Sie wahrscheinlich Höhen und Tiefen erlebt. Blicken Sie nun anhand der folgenden Fragen zurück und halten Sie Ihre Erkenntnisse am besten schriftlich fest. Erinnern Sie sich an eine Zeit, die für Sie ein echter Höhepunkt war, eine Zeit, in der alles gut lief, in der Sie sich besonders lebendig gefühlt haben, in der Sie besonders kreativ gearbeitet haben und stolz auf Ihre Tätigkeit waren?

- Was ist in dieser Zeit genau geschehen?
- Wer war dabei?
- Welche Rahmenbedingungen machten es möglich, dass Sie so erfolgreich waren?

Arbeit als Bestätigung

Arbeit empfinden wir oft als Zwang. Viel zu wenig ist uns bewusst, dass es auch Dinge gibt, die wir an unserer Arbeit schätzen. Führen Sie sich diese Aspekte vor Augen:

- Ohne zu bescheiden zu sein, was schätzen Sie an sich selbst am meisten?
- Was sind die wichtigsten Qualitäten und Stärken, mit denen Sie als Experte wirksam sind?
- Was schätzen Sie an Ihrer Arbeit am meisten?
- Was ist dabei besonders interessant für Sie?

Herausragende Erlebnisse

Geschichten machen deutlich, was Sie einzigartig macht. Vergegenwärtigen Sie sich Situationen, in denen Sie Herausragendes erlebt haben, beispielsweise ein erfolgreiches Projekt, das Lob eines Kunden oder eine Auszeichnung in der Organisation. Denken Sie an eine Situation, in der Sie gespürt haben, dass Ihre Leistung in besonderem Maß anerkannt wurde.

- Was ist in dieser Situation genau geschehen?
- Welche Personen waren dabei?
- Was können Sie für die Zukunft aus dieser Situation lernen?

Überlegen Sie nun, welche Ihrer Fähigkeiten und Eigenschaften Sie aufgrund dieser Erkenntnis in den Vordergrund stellen wollen.

Neben den Informationen zu Ihrer aktuellen Tätigkeit ist vor allem Ihr Berufsprofil für andere interessant. Im Kapitel „Die ersten Schritte im Selbstmarketing" habe ich schon beschrieben, wie ein solches Profil aufgebaut sein sollte. Dieses sollten Sie ständig weiterentwickeln, denn damit finden Ihre potentiellen Netzwerkpartner, aber auch Führungskräfte heraus, ob es sich lohnt, zu Ihnen Kontakt aufzunehmen. Es kommt dabei nicht darauf an, dass Ihr Profil gemessen am Idealprofil möglichst gut ist, sondern dass Sie zeigen, was Sie einzigartig macht. Denn um Karriere zu machen, müssen Sie Ihre Stärken zur Geltung bringen.

Berufsprofil

Die Wahrnehmung von Ihnen sollte konsistent sein. Zwar unterscheiden sich die Profile in sozialen Netzwerken, da je nach Netzwerk ein anderer Aspekt Ihrer Persönlichkeit im Vordergrund steht, aber der Gesamteindruck aller Profile sollte ein geschlossenes Bild vermitteln. Wer Ihr XING-Profil betrachtet, sollte die gleiche Person vor Augen haben wie jemand, der Ihre Facebook-Seite besucht. Prüfen Sie die Profile daraufhin, ob diese Ihr Personal Banding unterstützen, und verändern Sie sie bei Bedarf entsprechend des Bildes, das Sie von sich vermitteln wollen.

In einem Tagebuch Erfolge festhalten

Wo war ich in meinem Job erfolgreich? Diese Frage müssen Sie beantworten, wenn Sie sich auf ein Vorstellungsgespräch vorbereiten. Mit Sicherheit fallen Ihnen einige erfolgreiche Projekte ein oder auch Themen, bei denen Sie positiv aufgefallen sind. Doch die Frage, was genau Sie in diesen Fällen getan haben und worin Ihr Erfolg konkret bestand, ist schon schwieriger zu beantworten. Wir können uns nicht an alle Details erinnern. Ein Erfolgstagebuch kann hier eine wertvolle Gedächtnisstütze sein. Als Dokumentationsbasis für Ihre Erfolge eignet sich ein Word-Dokument oder auch eine PowerPoint-Präsentation. Die folgenden Informationen sollten Sie zu jedem Ihrer Erfolge festhalten:

- Datum
- Einen aussagekräftigen Titel für den Erfolg
- Beteiligte
- Einen Beleg

Erfolge belegen Die Belege können so unterschiedlich sein wie Ihre Erfolge. Wurde ein Artikel über Sie veröffentlicht, dann fertigen Sie eine Hardcopy an und kopieren Sie diese in das Dokument. Haben Sie eine erfolgreiche Präsentation gehalten, existiert möglicherweise ein Foto, das Sie während der Präsentation zeigt. Von einem Produkt, das Sie entwickelt haben, können Sie ebenfalls ein Foto machen. Haben Sie eine Veranstaltung erfolgreich durchgeführt, dann kopieren Sie Fotos von der Veranstaltung in das Dokument. Wichtig dabei ist, dass Sie von jedem Ihrer Erfolge einen aussagekräftigen Beleg haben.

Sich selbst im Unternehmen vermarkten

Einen guten Ruf erwerben Sie durch Ihre Arbeit. Es wird sich auch mit der Zeit herumsprechen, dass Sie ein guter und erfolgreicher Mitarbeiter sind. Diesen Prozess können Sie jedoch auch aktiv unterstützen. Machen Sie Werbung für sich selbst. Die im Folgenden beschriebenen Mittel helfen Ihnen, positiv im Unternehmen aufzufallen.

Sprechen Sie über positive Themen
Sprechen Sie über Ihre Erfolge bei Kunden oder technische Neuerungen und Innovationen in Ihrem Fachgebiet. Zeigen Sie dabei auf, welche Chancen diese dem Unternehmen bieten und wie das Unternehmen davon profitieren kann. Sie müssen diese Themen nicht unmittelbar in Verbindung mit Ihrer Leistung präsentieren. In solchen Gesprächen erlebt man Sie als angenehmen Gesprächspartner. Sie schaffen sich somit einen Türöffner, wenn es um andere Themen geht, und vermitteln indirekt, dass Sie kompetent, interessiert und engagiert sind.

Seien Sie verlässlich
Durch Verlässlichkeit empfehlen Sie sich für neue Aufgaben. Verlässlichkeit zeigen Sie dadurch, dass Sie Arbeitsergebnisse pünktlich abgeben und sich an Absprachen halten.

Zeigen Sie Initiative
Dazu haben Sie oft Gelegenheit: Sie können Vorschläge für Verbesserungen machen, Ideen für Produkte und Dienstleistungen ent-

wickeln oder Ihre Hilfe anbieten, wenn Engpässe oder Probleme auftreten.

Übernehmen Sie Verantwortung
Greifen Sie zu, wenn anspruchsvolle Projekte oder Aufgaben verteilt werden. Sie zeigen damit Selbstvertrauen und die Bereitschaft, Risiken einzugehen. Übernehmen Sie aber nur dann neue Aufgaben, wenn Sie sich sicher sind, dass Sie diese auch bewältigen können. Verantwortung zeigen Sie auch, indem Sie Entscheidungen treffen und die Verantwortung für Fehlentscheidungen und Misserfolge übernehmen.

Zeigen Sie, dass Sie aus Fehlern lernen
Bei Misserfolgen und Fehlern sollten Sie deutlich machen, wie Sie diese künftig verhindern werden. Wehren Sie sich nicht gegen Kritik. Deren Auswirkungen sind umso negativer, wenn Sie widersprechen. Ziehen Sie stattdessen Schlüsse daraus und verändern Sie die Dinge, die zur Kritik geführt haben. Kritik wird allerdings nicht immer offen geäußert. Auch verdeckte Kritik und diplomatische Hinweise können Anzeichen dafür sein, dass Sie etwas verändern sollten.

Zeigen Sie Sozialkompetenz
Achten Sie auf gute Manieren und die ausgesprochenen und unausgesprochenen Regeln im Umgang miteinander. Soziale Kontakte beinhalten immer einen Wechsel zwischen Beziehungspflege und der Kommunikation von Sachthemen. Nutzen Sie vor allem bei informellen Gesprächen Small Talk zum Beziehungsaufbau.

Stellen Sie Ihre analytischen Fähigkeiten dar
Anerkannte Experten zeichnen sich dadurch aus, dass sie Themen analysieren und das Ergebnis kurz, prägnant und präzise vermitteln können. Konzentrieren Sie sich dabei auf das, was für Ihren Gesprächspartner interessant ist.

Arbeiten Sie effektiv
Mit einer effektiven Arbeitsweise erwerben Sie sich den Ruf eines Experten, der sich auf die wesentlichen Dinge konzentriert und sich nicht in Details des Themas verliert. Arbeiten Sie auch so,

dass Sie mit der regulären Arbeitszeit auskommen. Nur dann traut man Ihnen zu, noch weitere Aufgaben zu übernehmen. Weisen Sie möglichst mit Zahlen nach, dass das, was Sie tun, zur Wertschöpfung des Unternehmens beiträgt.

Zeigen Sie sich konfliktfähig
Je anspruchsvoller die Aufgabe ist, umso mehr werden dadurch Konflikte in der Organisation hervorgerufen. Zeigen Sie, dass Sie mit Meinungsverschiedenheiten konstruktiv umgehen können. Vertreten Sie Ihren Standpunkt energisch, aber bleiben Sie dabei sachlich. Zeigen Sie sich als Experte stets bemüht, die Lösung in den Vordergrund zu stellen.

Zeigen Sie Ihre Zielstrebigkeit
Machen Sie den Entscheidern und ihren Beratern deutlich, dass Sie im Unternehmen aufsteigen wollen.

Jeder Tag, den Sie bei der Arbeit verbringen, ist ein Tag, den Sie für Ihr Selbstmarketing nutzen können. Sie sollten sich dabei jedoch auf die Plattformen konzentrieren, die besonders wirkungsvoll sind. Mit der folgenden Checkliste finden Sie heraus, welche Plattformen Sie nutzen sollten.

So finden Sie die wirkungsvollsten Plattformen für das Selbstmarketing:

- An welchen Meetings nehmen die Entscheider und ihre Berater teil?
- Welche Berichte lesen die Chefs?
- Wer sind Multiplikatoren?
- Welche Art von Information wird bevorzugt?
- Mit welchen Informationen können Sie eine positive Wirkung erzielen?
- Beobachten Sie, welche Personen Entscheider um sich scharen, und knüpfen Sie zu diesen Kontakte.

Tipps für Ihren Erfolg

Entwickeln Sie Ihre eigene Marke. Das macht Sie im Unternehmen unverwechselbar und attraktiv auf dem Arbeitsmarkt.

Führen Sie ein Erfolgstagebuch, in dem Sie alle Ihre Erfolge festhalten. So haben Sie immer Nachweise zur Hand, wenn Sie nach Ihren größten Erfolgen gefragt werden.

Vermarkten Sie sich im Unternehmen. Sie müssen einen guten Job machen, aber auch darüber reden. Auf diese Weise werden Sie und Ihre Leistungen schneller bekannt.

Nutzen Sie die unternehmensinternen Plattformen für Ihr Selbstmarketing. So zeigen Sie sich als engagierter Mitarbeiter.

Ausblick: Kompetenzen für eine erfolgreiche Karriere

Die Zukunft hat viele Namen. Für die Schwachen ist sie das Unerreichbare. Für die Furchtsamen ist sie das Unbekannte. Für die Tapferen ist sie die Chance.

Victor Hugo

Einer meiner Chefs stellte mal die folgende Regel auf: „Nach zwei Jahren kann man sich für eine neue Stelle bewerben, nach drei Jahren tut man es und nach spätestens fünf Jahren sollte man es getan haben." Nach wie vielen Jahren Sie sich bewerben, ist jedoch nicht das Wichtigste. Entscheidend ist, dass Sie es irgendwann tun. Wenn Sie sich auf eine neue Stelle bewerben, dann haben Sie bessere Chancen auf ein höheres Gehalt, als wenn Sie immer auf der gleichen Position bleiben. Mit jeder neuen Stelle machen Sie auch neue Erfahrungen und erweitern Ihre Kompetenzen. Damit steigern Sie die Attraktivität Ihres Berufsprofils. Ihr Arbeitgeber schätzt es ebenfalls, wenn Sie neue Erfahrungen machen, denn damit werden Sie flexibler. Zugleich werden Sie damit auch für andere Arbeitgeber interessant, denn Sie bringen vielfältige Erfahrungen mit und haben gezeigt, dass Sie sich gut einarbeiten können.

Fachkarriere oder Führungskarriere

Trotz der Versuche vieler Unternehmen, den Mitarbeitern eine Fachkarriere schmackhaft zu machen, bleibt die Führungskarriere doch die Premium-Marke unter den Karrieren. Deshalb sollten Sie sich ganz bewusst die Frage stellen: Bin ich für eine Führungskarriere geeignet? Die Gegenüberstellung der Anforderungen beider Karrierewege kann Ihnen dabei helfen:

Fachkarriere	Führungskarriere
Beherrschung des Fachgebietes	Strategisches Denken
Interesse an der Weiterentwicklung des Fachgebietes	Ziele setzen und kommunizieren können
Prozess- und kundenorientiertes Handeln	Arbeit organisieren und kontrollieren
Gute Kooperation mit Teamkollegen	Mitarbeiter fördern und motivieren
Entscheidungen fachgerecht aufbereiten	Gute kommunikative Fähigkeiten
	Kooperationsfähigkeit
	Entscheidungen fällen und durchsetzen

Abbildung 18: Je nach Karriereweg unterscheiden sich die Anforderungen.

Nach spätestens drei Jahren Berufserfahrung sind Sie gut gerüstet für eine neue Stelle. Sie haben gelernt, Wissen in der Praxis anzuwenden und sich neues Wissen anzueignen. Genauso wichtig ist es, dass Sie auch gelernt haben, sich als Mitarbeiter im Unternehmen zu behaupten. Nach spätestens zwei Jahren sollten Sie eine Bilanz ziehen, wie gut Ihnen die Einarbeitung in Ihren Job gelungen ist. Daraus können Sie dann Schlüsse ziehen auf das, was Sie beim Wechsel auf eine neue Position beachten sollten.

Bilanz ziehen

Schätzen Sie auf einer Skala von 1 bis 10 ein, wie gut Ihnen in den ersten Jahren Ihres Berufslebens die folgenden Dinge gelungen sind, und tragen Sie die Werte in die Grafik in Abbildung 19 ein.

- Wie gut konnte ich eine Beziehung zu meinen Kollegen und zu meiner Führungskraft aufbauen?
- Wie gut gelang mir die Integration in das Team und wie schnell habe eine für mich passende Teamrolle gefunden?
- Wie gut habe ich die mir erteilten Aufträge geklärt und damit Schwierigkeiten bei der Auftragsdurchführung vermieden?
- Wie effektiv kann ich meinen Arbeitstag organisieren?
- Wie effektiv setze ich Arbeitstechniken ein und erreiche damit schneller und besser Ergebnisse?

Kompetenz	1	2	3	4	5	6	7	8	9	10
Kommunikation und Beziehungsaufbau										
Integration ins Team und Finden der eigenen Teamrolle										
Durchführung der Auftragsklärung mit der Führungskraft										
Persönliches Zeitmanagement										
Anwendung von Arbeitstechniken										
Analyse der formellen und informellen Unternehmensstruktur										
Analyse und Integration in die Unternehmenskultur										
Aufbau eines firmeninternen Netzwerks										
Eigene Themen präsentieren										
Nutzen von Weiterbildungsangeboten										
Führen von Personalgesprächen										
Verhandeln der eigenen Interessen										
Selbstmarketing										

Abbildung 19: Dieses Kompetenzprofil hilft Ihnen bei der Einarbeitung in einen neuen Job.

- Wie gut gelang es mir, die formellen und informellen Strukturen des Unternehmens zu analysieren und mich im politischen Beziehungsgeflecht zu bewegen?
- Wie gut konnte ich mich mit meinen eigenen Werten und Normen in die Unternehmenskultur integrieren?
- Wie gut ist mein firmeninternes Netzwerk und wie gut nutze ich meine externen Netzwerke für meinen Job?
- Wie gut präsentiere ich mich und meine Themen im Unternehmen?
- Wie effektiv habe ich die firmeninternen Weiterbildungsangebote genutzt, um meine Kompetenz kontinuierlich weiterzuentwickeln?

- Wie gut kann ich mich in Gesprächen mit meiner Führungskraft behaupten?
- Wie geschickt verhandele ich meine eigenen Interessen mit Mitarbeitern, aber auch mit meiner Führungskraft?
- Wie gut ist mein Selbstmarketing?

Wenn Sie Ihre Einschätzung in die Grafik in Abbildung 19 eingetragen haben, können Sie daraus Folgendes herauslesen:

- Die Felder mit hohen Werten zeigen Ihnen die Stärken, die Ihnen bei der Einarbeitung in einen neuen Job zugutekommen. Auf diese Fähigkeiten können Sie bauen.
- Die Felder mit niedrigen Werten sind Indizien für mögliche Fallstricke bei einer erneuten Einarbeitung. Wenn Ihnen diese Dinge bisher nicht besonders gut gelungen sind, haben Sie im neuen Job die Chance, sich hier zu verbessern.
- Die mittleren Werte sind neutral, das heißt, dass diese Bereiche zwar nicht Ihre besonderen Stärken sind, dass Sie aber auch keine Probleme in diesen Feldern haben.

Lebenslanges Lernen

Die ersten Jahre waren die erste Etappe Ihres Segeltörns durch die unbekannten Gewässer Ihres Berufslebens. Sie haben sich in das Unternehmen eingelebt und sind mit Ihren Kollegen und Ihrem Chef vertraut geworden. Sie haben Ihren eigenen Arbeitsrhythmus gefunden, mit dem Sie die Ihnen übertragenen Aufgaben effektiv und effizient erledigen können. Mit der Zeit haben Sie sich einen Platz im Unternehmen erobert und sich als guter und zuverlässiger Mitarbeiter bewährt. Und nicht zuletzt sind Sie mittlerweile im Unternehmen etabliert. Mit jeder neuen Stelle in einem anderen Unternehmen wiederholen sich diese Phasen, und mit jeder neuen Stelle gelingt es Ihnen auch schneller, sich einzuleben, den richtigen Arbeitsrhythmus zu finden, Ihren Platz zu erobern und sich zu etablieren. Im Laufe Ihres Arbeitslebens wird es Ihnen immer besser gelingen, die Herausforderungen eines neuen Jobs zu meistern. Was Sie am Ende Ihres Arbeitslebens erreicht haben werden, liegt in Ihren Händen. Für diesen nicht immer einfachen, aber spannenden Weg wünsche ich Ihnen viel Erfolg!

Verzeichnis der Reflexionsübungen

	Seite
▪ Wie gut sind Sie im Small Talk?	21
▪ Was macht Sie einzigartig?	23
▪ Welche informellen Regeln gelten in Ihrem Team?	30
▪ Welche Funktion möchten Sie in Ihrem Team einnehmen?	36
▪ Wer oder was sind Ihre Zeitdiebe?	60
▪ Welche Kultur prägt Ihr Unternehmen?	95
▪ Können Sie Menschen richtig einschätzen?	106
▪ Welche Kompetenzen benötigen Sie?	117
▪ Ist eine Zusatzausbildung für Sie sinnvoll?	124

Verzeichnis der Checklisten

	Seite
■ So integrieren Sie sich gut ins Team	33
■ So prüfen Sie, ob Sie Ihr Ziel erreichen werden	52
■ So halten Sie eine Rückschau auf Ihren Tag	56
■ So bekommen Sie die E-Mail-Flut in den Griff	64
■ So finden Sie heraus, welche Texte für Sie relevant sind	66
■ So prüfen Sie die Qualität einer Internetquelle	69
■ So organisieren Sie Ihre Dokumente	72
■ So machen Sie sich mit den Regeln des Unternehmens vertraut	88
■ So tragen Sie durch politisches Handeln zu Ihrem Erfolg bei	92
■ So halten Sie Ihr Netzwerk auf dem aktuellen Stand	109
■ So finden Sie die passende Qualifizierungsmaßnahme	121
■ So gestalten Sie eine erfolgreiche Führungsbeziehung	130
■ So bereiten Sie sich auf ein Gespräch mit Ihrer Führungskraft vor	137
■ So finden Sie die wirkungsvollsten Plattformen für das Selbstmarketing	152

Verzeichnis der Arbeitstechniken

	Seite
▪ Mindmap	44
▪ Checkliste Auftragsklärung	45
▪ SMART-Methode	51
▪ ALPEN-Methode	55
▪ Pareto-Prinzip	57
▪ Eisenhower-Prinzip	58
▪ Problem eingrenzen	73
▪ Brainstorming	74
▪ Methode 635	75
▪ Portfolio	76
▪ Nutzwertanalyse	78
▪ Gemeinsam Lösungen finden	140

Stichwortverzeichnis

80-zu-20-Regel 56

Ablage 61f., 71ff.
Aha-System 61
ALPEN-Methode 55
Appreciative-Inquiry-
 Analyse 147
Aufgabenliste 79ff.
Auftragsklärung 12f.,
 37ff.
Auftragsübertragung 38,
 47

Basisprofil 23f.
Berufsziel 50
Besprechung 25, 54, 59, 62,
 80, 91, 128f., 141
Beurteilungsgespräch 131,
 134f.
Bibliothek 71
Brainstorming 74

Checkliste 45, 47
Christoph Kolumbus 10ff.
Compliance 87
Corporate Governance 87f.,
 93

Eisenhower-Prinzip 56ff.,
 62, 64
E-Mail 25, 54, 61ff., 80, 97,
 109
Entwicklungsgespräch 116,
 131, 135, 138

Fachkarriere 117, 135, 154f.
Fachwissen 11, 93, 118f.,
 123, 130
Fragen 39ff.
Führungsbeziehung 84,
 125ff.
Führungskarriere 117, 121,
 135, 154f.
Funktion im Team 34ff.

Geschäftsprozesse 85f.
Gruppendynamik 12f., 26ff.

Handlungskompetenz 118
Harvard-Konzept 140ff.,
 144
Hoshin-Kanri-Prozess 131

Kleidung 16, 19
Kommunikationsmodell 15ff.,
 21
Kompetenzanalyse 117
Kontaktpflege 108f.
Kreativitätstechniken 74f., 81

Lebenslanges Lernen 157
Leistungsträger 133f.
Lesen, rationelles 66ff.

Macht, formelle 83ff.,
 126f.
Macht, informelle 83, 88ff.,
 127ff.
Memo 79f., 143

Menschenkenntnis 82, 103, 105ff., 113
Methode 635 75
Methodenkompetenz 118f.
Mindmap 43ff., 107f., 113

Networking 12, 71, 82, 102ff.
Networkingregeln 110
Netzwerk, virtuelles 111ff.
Netzwerkanalyse 107f.
Nutzwertanalyse 77f.

Office Policy 88–93
Off-the-Job-Training 119f.
On-the-Job-Qualifizierung 120f.
Organigramm 83ff., 88f., 93

Pareto-Prinzip 56f., 64
Pate 18, 88
Personal Branding 114, 144ff.
Persönlichkeitstest 99
Portfolio 76f.
Potenzialträger 133f.
Problembeschreibung 73f., 81
Projekt 85
Protokoll 79, 143

Qualifizierung 115f.

Riemann-Thomann-Modell 95ff., 102

Selbstmarketing 12, 22ff., 145ff.
Small Talk 14, 20ff., 26, 151
SMART-Methode 50f.
Soft Skills 117ff.
Suchmaschine 69f.

Talentförderung 117
Teamarbeit 27f.
Teamentwicklungsprozess 28ff.
Teammeeting 25, 34

Unternehmenskultur 12, 18, 82, 93ff., 102
Unternehmensorganisation 12, 82f.

Verhandeln 114, 138ff.
Verhandlung 139

Weiterbildung 12, 114ff., 135
Werte- und Entwicklungsquadrat 101f.

Zeitdiebe 58–60, 63f.
Zeitplanung 53ff., 64
Zielerreichung 33, 52, 132f.
Zielkreuz 42f., 46f.
Zielvereinbarung 131f., 138
Zusatzqualifizierung 122ff.

Literaturverzeichnis

Arnold, Patricia u.a.: *Handbuch E-Learning. Lehren und Lernen mit digitalen Medien.* Bielefeld: Bertelsmann 2011.

Bechmann, Arnim: *Nutzwertanalyse, Bewertungstheorie und Planung.* Stuttgart: Haupt 1978.

Bohinc, Tomas: *Karriere machen, ohne Chef zu sein. Praxisratgeber für eine erfolgreiche Fachkarriere.* Offenbach: GABAL 2008.

Bohinc, Tomas: *Projektmanagement. Soft Skills für Projektleiter.* Offenbach: GABAL 2006.

Bohinc, Tomas: *Soft Skills. Die Schlüssel zum Erfolge in der Fachkarriere.* München: Vahlen 2009.

Brocher, Tobias: *Gruppenberatung und Gruppendynamik.* Leonberg: Rosenberger Fachverlag 1999.

Buzan, Tony: *Speed Reading. Schneller lesen. Mehr verstehen. Besser behalten.* München: Goldmann 2005.

Buzan, Tony; Buzan Barry: *Das Mind-Map-Buch. Die beste Methode zur Steigerung Ihres geistigen Potenzials.* München: mvg-Verlag 2013.

Coverdale: *Führung. Leadership, Workbook V.* München: Coverdale Teammanagement GmbH 2007.

Dickie, H. Ford: *ABC Inventory Analysis Shoots for Dollars, not Pennies.* In: Factory Management and Maintenance, 6(1951)109, pp. 92–94.

Europäische Union: *Empfehlungen des Europäischen Parlaments und des Rates vom 18. Dezember 2006 zu Schlüsselkompetenzen für lebensbegleitendes Lernen.* Amtsblatt der Europäischen Union 20.12.2006.

Fisher, Roger; Ury, William; Patton, Bruce: *Das Harvard-Konzept. Der Klassiker der Verhandlungstechnik.* Campus-Verlag, Frankfurt am Main: Campus 2013.

Grüning, Christian: *Visual Reading®. Garantiert schneller lesen und mehr verstehen.* Nördlingen: Verlag Grüning 2007.

Hammer, Michael; Champy, James; Künzel, Patricia: *Business Reengineering. Die Radikalkur für das Unternehmen.* Frankfurt am Main: Campus 1995.

Jochum, Eduard: Hoshin Kannri / Management by Policy. *Grundlagen eines effizienten Ziele-Menagement-Systems.* In Bungart. W.; Kohnke, O.: Zielvereinbarungen erfolgreich umsetzen. Wiesbaden: Gabler 2002.

Kellner, Hedwig: *Soziale Kompetenz für Ingenieure, Informatiker und Naturwissenschaftler.* München: Hanser 2006.

Klug, Sonja Ulrike: *Konzepte ausarbeiten. Tools und Techniken für Pläne, Berichte, Bücher und Projekte.* Göttingen: BusinessVillage 2013.

Koch, Richard: *Das 80-20-Prinzip. Mehr Erfolg mit weniger Aufwand.* Frankfurt am Main: Campus 2008.

Konrad, Boris Nikolai: *Das perfekte Namensgedächtnis. Namen merken mit der 5-Sterne-Methode.* Audiobook. Offenbach: GABAL 2011.

Kreher, Antje: *Wie funktioniert eine Gruppe? Gruppenmodelle nach Tuckman und Chon.* München und Ravensburg: Grin-Verlag 2013.

Krengel, Martin: *30 Minuten Effizientes Lesen.* Offenbach: GABAL 2012.

Kruse, Peter: *next practice: Erfolgreiches Management von Instabilität; Veränderung durch Vernetzung.* Offenbach: GABAL 2004.

Kunz, Gunnar C.: *Fachkarriere oder Führungsposition. So stellen Sie die Weichen richtig.* Frankfurt: Campus 2005.

Kurz, Jürgen: *Für immer aufgeräumt. Zwanzig Prozent mehr Effizienz im Büro.* Offenbach: GABAL 2010.

Lumma, Klaus: *Die Teamfibel.* Hamburg: Windmühle 2005.

Lutz, Andreas: *Praxisbuch Networking.* Wien: Linde 2005.

Märtin, Doris; Boeck, Karin: *small talk. Die hohe Kunst des kleinen Gesprächs.* München: Heyne 2005.

Osborn, A.F.: *Applied Imagination.* New York: Charles Scriber's Sons 1957.

Riemann, Fritz: *Die sieben Grundformen der Angst. Eine tiefenpsychologische Studie.* München: Ernst Reinhardt Verlag 2013.

Rohrbach, Bernd: *Kreativ nach Regeln – Methode 635, eine neue Technik zum Lösen von Problemen.* In: Absatzwirtschaft 12 (1969) 73–76, Heft 19, 1. Oktober 1969. (Erstveröffentlichung des Erfinders)

Scheler, Uwe: *Erfolgsfaktor Networking. Mit Beziehungsintelligenz die richtigen Kontakte knüpfen, pflegen und nutzen.* München: Piper 2005.

Schulz von Thun, Friedemann: *Miteinander reden 1–3.* Reinbek bei Hamburg: Rowohlt 2008.

Seiwert, Lothar: *Zeitmanagement mit Microsoft Outlook, 2003 bis 2013: Die Zeit im Griff mit der meistgenutzten Bürosoftware – Strategien, Tipps und Techniken.* Unterschleißheim: Microsoft Press Deutschland 2013.

Thomann, Christoph; Schulz von Thun, Friedemann: *Klärungshilfe 1: Handbuch für Therapeuten, Gesprächshelfer und Moderatoren in schwierigen Gesprächen.* Hamburg: rororo 1988.

Tuckman, Bruce: *Developmental sequences in small groups.* In: Psychological Bulletin, 63/1965, S. 348–399[1].

Watzka, Klaus: *Zielvereinbarungen in Unternehmen. Grundlagen, Umsetzung, Rechtsfragen.* Wiesbaden: Gabler 2011.

Watzlawick, Paul; Beavin, Janet H.; Jackson, Don D.: *Menschliche Kommunikation. Formen, Störungen, Paradoxien.* Bern: Verlag Hans 2011.

Winkelhofer, Georg: *Management- und Projekt-Methoden.* Heidelberg: Springer 2005.

Zangemeister, Christof: *Nutzwertanalyse in der Systemtechnik. Eine Methodik zur multidimensionalen Bewertung und Auswahl von Projektalternativen. Diss. Techn. Univ. Berlin 1970.* 4. Aufl. München: Wittemann 1976.

Zur Bonsen, Matthias; Marleh, Carole: *Appreciative Inquiry (AI): Der Weg zu Spitzenleistungen: Eine Einführung für Anwender, Entscheider und Berater.* Weinheim: Beltz 2012.

Der Autor

Dr. Tomas Bohinc kann auf langjährige Erfahrungen in einem großen Unternehmen zurückblicken. Seit 1984 ist er für die Deutsche Telekom AG und ihre Vorgängerorganisationen in unterschiedlichen Bereichen tätig.

Er studierte Physik und Nachrichtentechnik sowie Philosophie und absolvierte ein Postgraduiertenstudium im Bereich Team- und Organisationsentwicklung. Er ist bei der Scrum Alliance als Scrum Master zertifiziert. Seit 2001 ist er bei T-Systems, einem Tochterunternehmen der Deutschen Telekom AG tätig und ist dort u. a. für die Qualifizierung von Projektleitern verantwortlich.

Er ist Autor von Büchern zu den Themen Projektmanagement, Fachkarriere und Soft Skills und veröffentlicht darüber hinaus regelmäßig Artikel im Projekt Magazin.

Dr. Tomas Bohinc, Waldstraße 52, 64569 Nauheim
E-Mail: tbohinc@t-online.de
Internet: www.bohinc.de

Kontaktadresse des Autors

ANZEIGE

Bei uns treffen Sie Gleichgesinnte ...

... weil sie sich für persönliches Wachstum interessieren, für lebenslanges Lernen und den Erfahrungsaustausch rund um das Thema Weiterbildung.

... und Andersdenkende,

weil sie aus unterschiedlichen Positionen kommen, unterschiedliche Lebenserfahrung mitbringen, mit unterschiedlichen Methoden arbeiten und in unterschiedlichen Unternehmenswelten zu Hause sind.

Das nehmen Sie mit:

- Präsentation auf den GABAL Plattformen (GABAL-impulse, Newsletter und auf www.gabal.de) sowie auf relevanten Messen zu Sonderkonditionen
- Teilnahme an Regionalgruppenveranstaltungen und Kompetenzteams
- Sonderkonditionen bei den GABAL Impulstagen und Veranstaltungen unserer Partnerverbände
- Gratis-Abo der Fachzeitschrift wirtschaft + weiterbildung
- Gratis-Abo der Mitgliederzeitschrift GABAL-impulse
- Vergünstigungen bei zahlreichen Kooperationspartnern
- u.v.m.

Neugierig geworden? Informieren Sie sich am besten gleich unter:

www.gabal.de/leistungspakete.html

GABAL e.V.
Budenheimer Weg 67
D-55262 Heidesheim
Fon: 06132/5095090,
Mail: info@gabal.de

Auf unseren Regionalgruppentreffen und Impulstagen entsteht daraus ein lebendiger Austausch, denn wir entwickeln gemeinsam neue Ideen. Dadurch entsteht ein Methodenmix für individuelle Erlebbarkeit in der jeweiligen Unternehmenswelt.

Durch Kontakt zu namhaften Hochschulen erhalten wir vom Nachwuchs spannende Impulse, die in die eigene Praxis eingebracht werden können.